贈答のしきたりと茶の湯の手紙

はじめに

佐山宗準

その昔、「おしきたりは、守るためにあるのですよ」と、気品に満ちあふれたお方から、お教えを受けたことがあります。茶の道の先人達がしっかりと守ってきた決まりやしきたり、作法などに、私は真摯な尊敬を払いたくなります。日本の風土・風習の中で、厳しい決まりやしきたりが茶の湯という美しい世界に場所を得たとき、一種の美に昇華するように思えてならないのです。だからこそ守り通してゆく意味があると思います。

贈答とは、本来心と心を通じ合わせるためのものだからこそ、見えない心を形に託して、より美しくしなくてはならないのです。茶の湯では御挨拶ということばをよく使います。贈答は無言の挨拶をしてくれています。そこに日本の美があるのかもしれません。茶の湯におけるお招きやおもてなしは、決して授受を目的とするものではありません。心でお招きし、心でお招きに応じる――。時としてこの目に見えない心を形に表してお届けするのが、贈答ということになります。

茶の湯の一年を通じ、また時としてそれぞれの人生の中で、贈答の機会はあります。守りゆくしきたりの中で、またちょっとした心づかいの中で、さまざまな場面が考えられます。しかし、どれもこれもお茶のたしなみがあればこそ、美しい表現になるのです。

時代の流れと共に、通信手段が発達し日常的に便利になりましたが、茶の湯のお招きの書状は今日でも墨書でいたします。この道の先達の教えの中に「口切茶事の案内が一ヶ月も前から来たら、さても事と思いなさい」と言われていました。茶壺の用意にはじまり、さまざまの準備、その内の一つにお客様に御案内状を書くということも含まれています。当日のことやお招きする方のことを思い浮かべながら心静かに墨を磨る。真白なる紙に筆をしたためるとき、私は襟を正します。

こんな思いは必ずやお相手に通じるものでしょう。書状を頂いたときのうれしさ、そしてお茶のご縁のありがたさ、何度も何度も読み返して、感謝の気持ちに自らの頭を下げたくなります。時をおかずして返事を頂く前礼状には、当日を待ち望む気持ちがあふれているのも恐れ入ることです。風情のある一筆の画や趣のある一句の添えられた後礼のお手紙も、それぞれのお人柄がしのばれ心楽しいことです。茶の道を修める者のみが知り得る楽しさとおくゆかしさがこんな所にも表れているのです。

流れの早い世の中にあって、簡素化が進む昨今だからこそ、今一度手近にあるしきたりを見直したいものです。どうか本書をひもとかれます皆様方のお茶が、より豊かにそれぞれのお立場で花開きますように念じております。

私は茶の道を修めるとき、このことばを一人心の中でつぶやきます。

「おしきたりは、守るためにあるのですよ」と。

贈答のしきたり

熨斗袋

熨斗袋にはさまざまなものがあります。その趣旨にふさわしい水引、上包みを選びます。

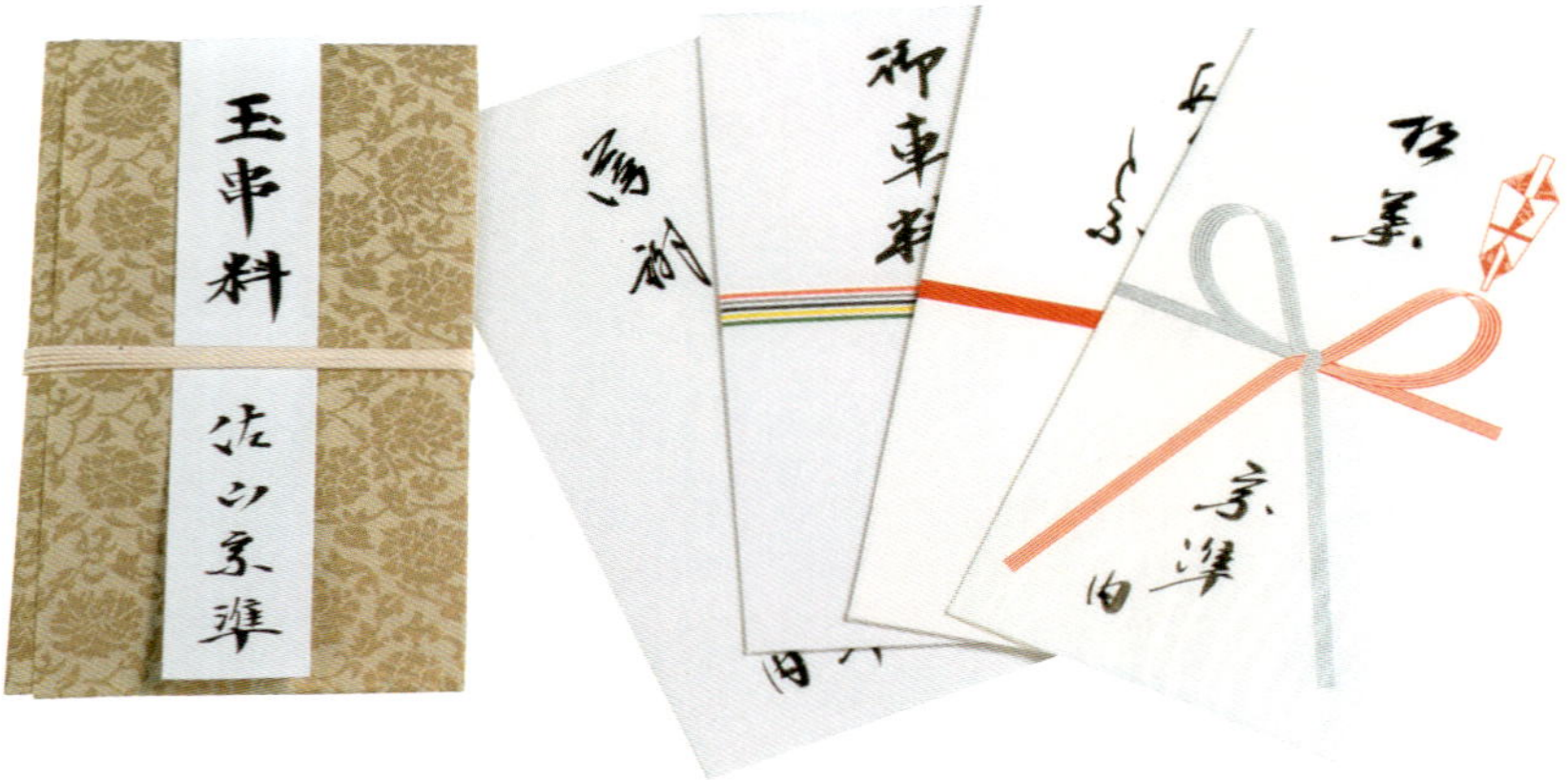

小風呂敷

熨斗袋を渡す際には小風呂敷などに包んで出します。

慶事（上）色や柄など、場合に応じてお好みのものを選びます。
弔事（下）紫色や鼠色、紺色などを選びます。また名前の入ったものを使うのもよいでしょう。

和紙と水引

お包みをする際に用いる紙は真白なものを使います。そして水引をかけることで形が整い、先様を敬う気持ちを表します。

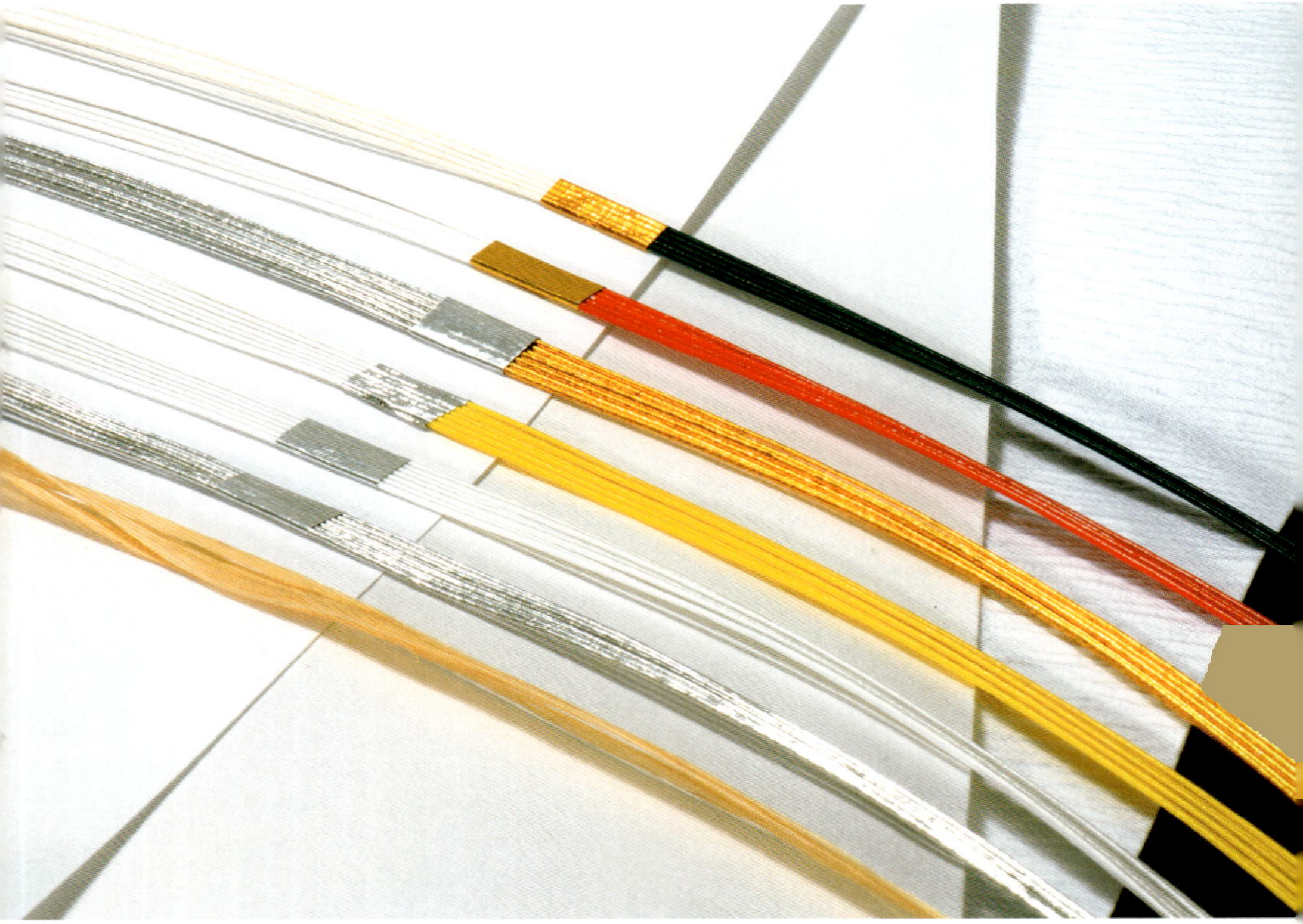

和紙（右から）檀紙《だんし》、奉書《ほうしよ》、杉原紙《すぎはらがみ》
水引（奥から）紅白・赤白・金銀（慶事）、黄白・双白・双銀（弔事）、苧麻《まお》（神事）

茶の湯の手紙

巻紙

茶事やご挨拶に用いる手紙は巻紙がふさわしいでしょう。中でも真っ白な奉書に書いたものが正式です。しかし、親しい友人宛のものであれば、自筆で絵を添えたものや柄入りのものに筆をしたためるのも一興です。

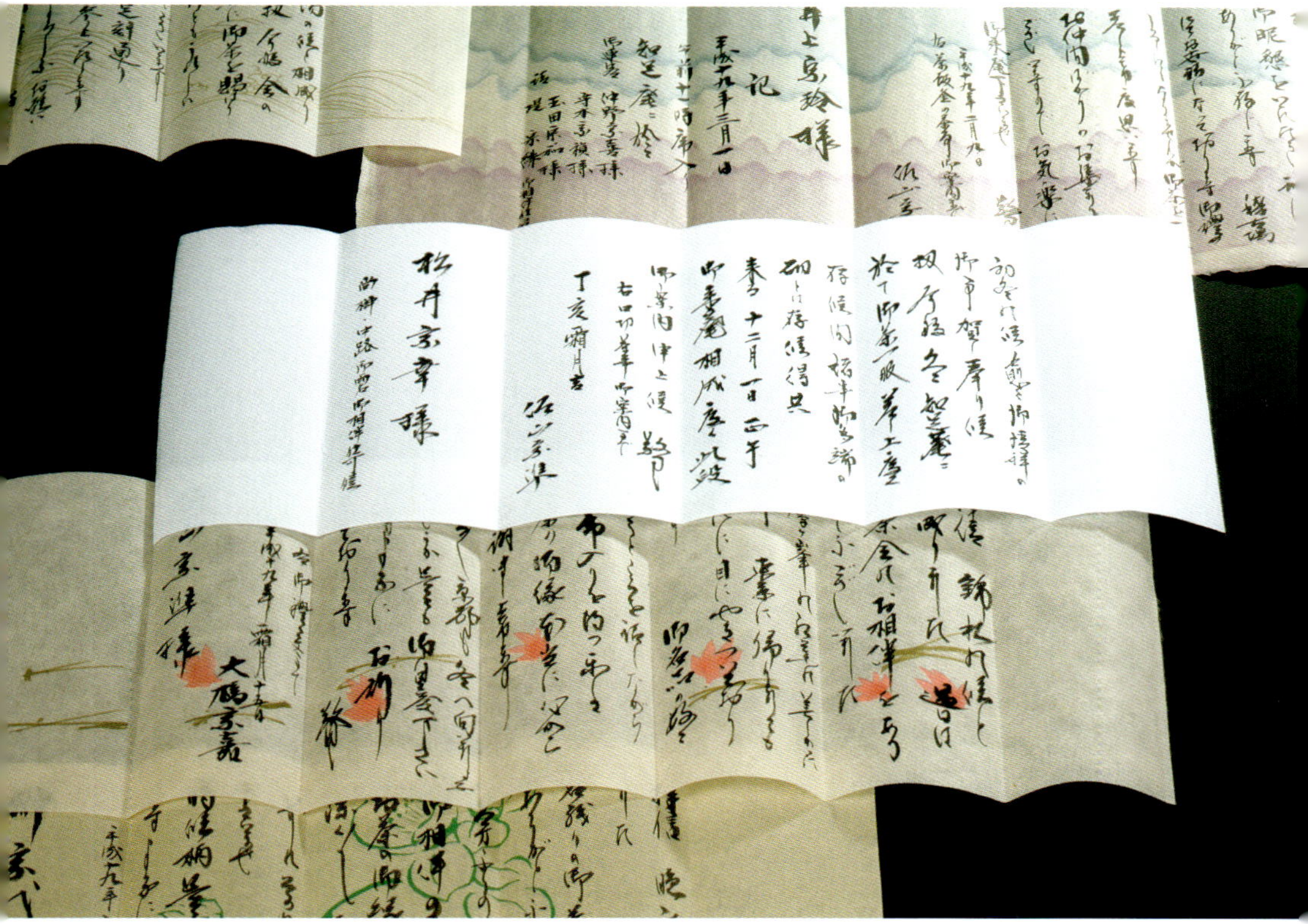

目次

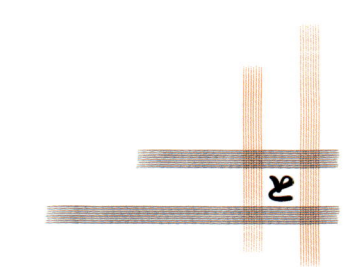

第二章　茶事・茶会の手紙

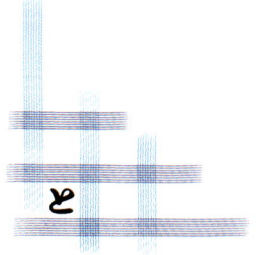

イラスト／イラストレーションチェック　黒岩多貴子
写真／小笠原敏孝
デザイン／GOODMAN INC.　佐々木まなび・今村敦子

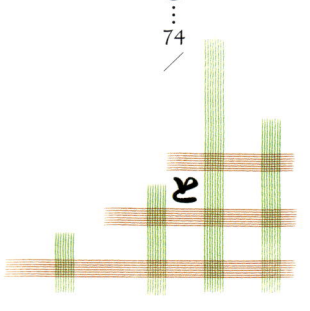

第一章

贈答のマナーとしきたり
熨斗・水引の基礎知識

贈答の心得

先様のことを想い心を込めて整える

親しい人、日ごろお世話になっている人に、自分の気持ちをものに託して贈る、それは自然な心の表れであり、相手のことを思いながら準備するのは楽しいことです。その上で、地域や習慣によって多少の違いがありますが、先人から脈々と受け継がれている贈答に関する慣習があります。時代とともにその慣習も少しずつ変わるものではありますが、自分の心がそこに表れている、ということを大切にしていきたいものです。

現在、お金を贈る際には「熨《の》斗袋《しぶくろ》（祝儀袋・不祝儀袋）」、品物を贈る際には「熨斗紙・かけ紙」を用い、用途に応じて水引《みずひき》や熨斗をつけます。これはお金や品物が自分になり代わって挨拶をしてくれるのですから、そこには綺麗にきものを着せるように、きちんと整えるためのゆるぎないしきたりがあるのです。

お包みを贈る・渡す

風呂敷に包んで差し出す

熨斗袋や祝儀袋などは必ず紙に包んだものを渡すことが約束です。またその場合に応じて熨斗袋の種類や水引の種類・結び方、熨斗のあるなしを決定します。それぞれの立場にもよりますが、きちんと折り目正しく形式にのっとるほうがよいでしょう。

また、熨斗袋を渡す際には必ず小風呂敷や袱紗《ふくさ》に包み、略して古帛紗《こぶくさ》等に挟《はさ》んで差し出します。袋のまま差し出さないようにします。これは贈るものには、その方自身の気持ちが表れますので、ひと手間をかけることこそ、おくゆかしいのではないでしょうか。

また受け取った方は、包んである小風呂敷などをきちんとたたんで、すぐに返します。もし記念の品などがある場合は、それに添えて渡します。

品物を贈る・渡す

風呂敷を外して渡す

品物を贈る際、基本的にはかけ紙に水引をかけます。またなまぐさもの（昆布や鰹節なども含む食べ物）でなければ熨斗をつけます。ただし、百貨店やお店ですでに印刷された熨斗紙をかけてもらう場合はその限りではありません。また熨斗袋の台代わりとして品物を包む場合は水引や熨斗はなくてもよいでしょう。反対におうつり（お返し）に車代などをつける場合は、メインの品物には水引や熨斗をつけ、車代を入れる封筒は水引のないものでもよいでしょう。

また品物を郵送する場合には必ず手紙を添えるか、もしくは別送で書状を送ります。

『台代わり』
切手盆に金封をのせ、小風呂敷に包んで渡すのが正式ですが、その略式として金封だけを包み、切手盆の代わりに品物の上にのせることをこのように呼びます。お金だけを渡すことに抵抗がある場合や先方に是非にと思うものがある場合などこのような形で渡します。

毛筆でしたためる

ひと文字ひと文字に真心を込めて

便利な世の中になったので、表書きが印刷されたものが市販されており、名前もハンコをポンっと押すなど簡単にすませることは可能ですが、それでは本当に相手に贈りたいという気持ちを込めたことになるでしょうか。自分で表書きを記し、署名をして、そして包む、そのプロセスこそが大切なのです。

ですから、表書きや中包みには毛筆で書きます。墨を磨《す》っている間に心を落ち着かせ、相手のことを考える余裕もできます。そして基本的には慶弔問わず墨をしっかり磨って、濃い墨で書きます。

字がへただからと敬遠せず、とにかく丁寧にしたためることが肝心なのです。

弔事以外は新札を

心構えの表れ

お包みを用意する場合は弔事を除いて、すべて新札を用意します。特にお祝い事はもちろんのこと、お稽古の月謝にいたるまで気を配ります。折れ曲がったものや、しわになったものでは気持ちが伝わりません。綺麗なものを用意いたしましょう。ただし、弔事だけは前もって用意していたような印象になるので、新札ではないものを包みますが、あまり使い古されたものではないほうがよいでしょう。また、古いお札を入れることに抵抗のある場合は新札の一部に折り目をつけるとよいでしょう。

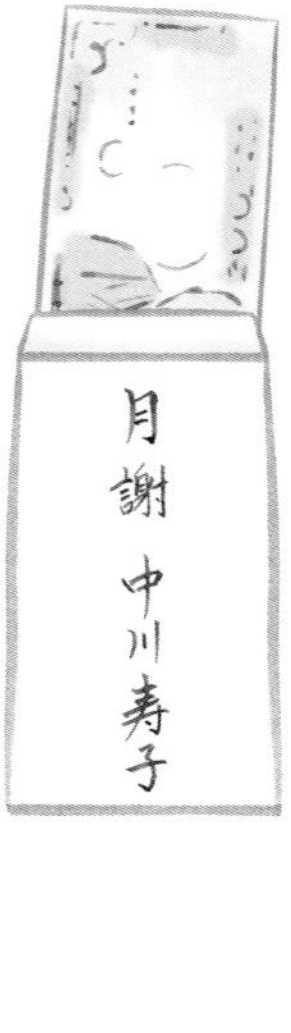

中包みに包んで

ひと手間かけること、これが大切

きちんと整えるために、白いもの（紙）で装わせ、慶事の際は中包みに入れます。市販の熨斗袋に付属しているものがあれば、それを使用しても結構ですが、ない場合や自分で包みたい方は、上包みより薄い紙（半紙や懐紙など）に包まれるとよいでしょう（包み方は24～27頁参照）。水引が印刷された略式の熨斗袋でも懐紙などに包んでから入れましょう。

中包みの書き方は、市販のものに名前や金額などを書く欄があればそれに従います。無地のものや半紙・懐紙などで包む場合、あまり仰々しくならないように書くのがよいでしょう。表に大きく金額を書くこともありますが、おくゆかしさの点ではあまりおすすめできません。古くは金額を書き入れなかったこともあり、必ず書かなければならないものではありません。なお、住所と氏名については、大勢の方が集まることが予想される場合は、書き記したほうが先方には喜ばれます。

熨斗袋（祝儀袋・不祝儀袋）の基礎知識

熨斗・水引、それぞれに込められた意味があります

熨斗

相手への心配りの表れ

熨斗とは「熨斗あわび」の略で、昔は鮑《あわび》の肉を薄く切り、火のしを使って平らにのばし、贈答品に添えていました。一般的なお祝いでは熨斗をつけますが弔事ではつけません。また食べ物には本来つけませんでした。

熨斗の種類もさまざまにあり、「真」「行」「草」や「蝶花形」「飾り熨斗」などがあります。「真」は目上の方に、「行」は格式ばらないときや友人に、「草」はごく親しい関係や目下の人に、との一応の決まりはありますが、現代ではあまり厳密な使い分けをしていません。また、「わらび熨斗」もあり、乾燥したわらびをつけるものですが、昨今これはなかなか手に入りにくく、印刷されたものが一般に出回っています。

水引

色・本数・結び方に気をつけて

水引は昔、唐からの献上品に紅白の麻の緒（苧麻《まお》）が掛けられていたことがはじまりという説があります。また古来神仏に水を供える風習があり、水によって清められることから、清らかな品を贈る意味を込めて「水引」といわれます。ですから、水引を結ぶことは包みを確実に結びとめる役割と、けがれないものを贈る心の表れでもあるのです。

一般のお祝い事は赤白の水引が広く使われています。本来、紅白の水引の紅色はうく色といわれるもので、これはごく一部で用いられます。このうく色が一見すると黒に見えるので、京都では弔事に黒白の水引を用いず、黄白を使う方もいます。しかし弔事は地方性や習慣によって異なるのでそれに従うほうがよいでしょう。なお必ず濃い色が右にくるように結びます。

水引の本数は、慶弔問わず五筋（本）もしくは七筋（本）が広く使われています。ただし、弔事の場合はできれば五筋（本）のほうがよいでしょう。

水引の色

相手の気持ちをよく考えて

紅白　古くは「うく」とも呼ばれ、最も格の高い水引。この紅の色が一見深緑とも黒色にも見えるので、京都では弔事に黒白を用いませんでした。ただし、現在は非常に希少なもので、ごく一部に用いられ、一般にはほとんど市販されていません。

熨斗袋いろいろ　主に慶事用
（右）結び切り　（左上）蝶結び　（左下）日の出結び

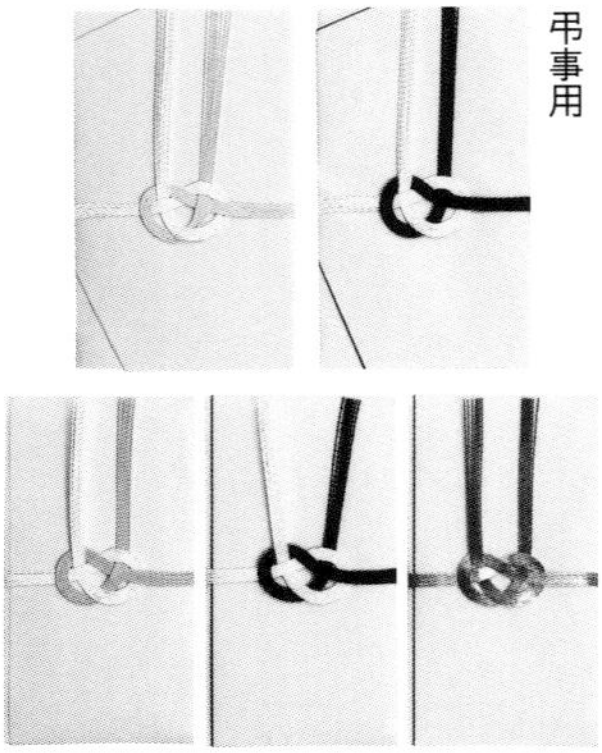

熨斗袋いろいろ
弔事用

赤白　一番よく使われる水引で、慶事一般に使用します。用途によって結び方が異なるので注意が必要です。なお、長い年月の経った年忌法要などにもこの色を使用します。

金銀　一般にはこの水引が最も格が高く、主に結納や結婚の祝儀の際に用います。向かって右に金、左に銀がくるように結びます。

赤金　お正月の注連《しめ》飾りや吉慶の神事に使われます。金を右に、赤を左にして結びますが、地方によっては逆のところもあります。

黄白　京都では葬儀、法要、年忌など仏事全般に使用します。また地方によっては葬儀以外の法要に用いられることもあります。右に黄、左を白にして結びます。

黒白　全国的に仏事、特に葬儀の際に用いられます。右に黒、左を白にします。

双銀　銀一色の水引のこと。黒白や黄白と同様に用います。

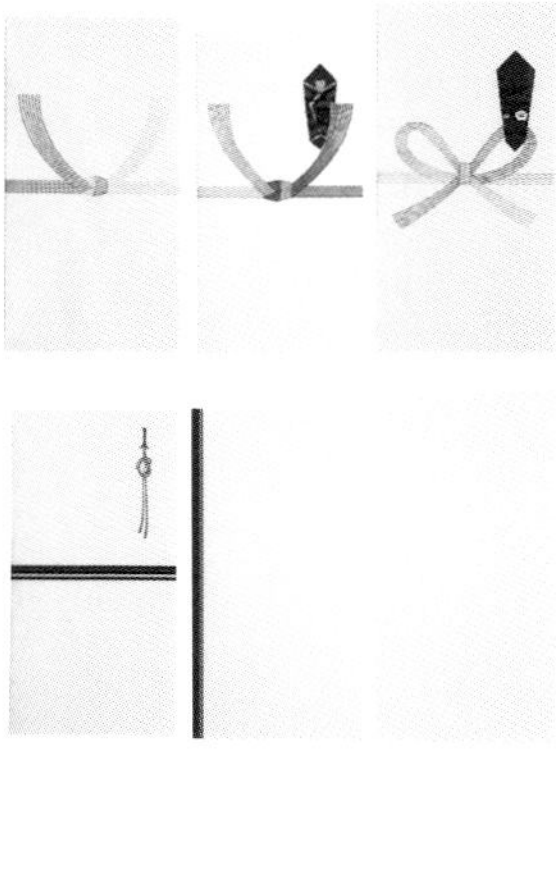

熨斗袋（金封）いろいろ
略式

双白　白一色の水引のこと。神式の祭典の際に用います。

苧麻《まお》　麻の緒のこと。仏事や神事に用います。

水引の結び方

度《たび》重なってよい事柄かをよく考えて

水引の結び方は、古くは真結び・両輪結び・片輪結びがすべてでしたが、現在ではいろいろな結び方がされており、結び切り・蝶結び（両輪結び）・淡路結び・日の出結び（輪結び）などが主に使われています。

新築祝いや賀寿の祝いなど、重なってよい慶事には赤白の蝶結び、婚礼や病気などの御見舞い、束脩《そくしゅう》など重ならないほうがよいものには赤白の結び切り・淡路結びを用います。また時を経た遠忌法要には赤白の蝶結び・淡路結びを用います。なお、日の出結び（輪結び）は古風な結び方で、より丁寧な気持ちを表したい場合に使用します。

弔事には主に黄白もしくは黒白の結び切り・淡路結びを使いますが、宗派や地域の慣習によって異なることが多いようです。

和紙

お包みする紙の種類

檀紙《だんし》　厚手で白く縮緬《ちりめん》のようなシボがある紙。より丁寧さを要求されるときに用います。古くは主に公家が用いていました。

奉書《ほうしょ》　最も広く使われる紙。柔らかく質感がよいので、いろいろなものを包むのに適しています。

杉原紙《すぎはらがみ》　パリッとした質感が特徴で、日常のものに使います。古くは主に武家が用いていました。

中包みの書き方・包み方

お札を包む際には、慶事ならば陽のたたみ方（右が上）にします。なお市販の熨斗袋に中包みがついている場合は、それを使用しても結構です。

中包みの包み方（慶事）Ⅰ　三つ折

※上包みより薄い紙を使用します。

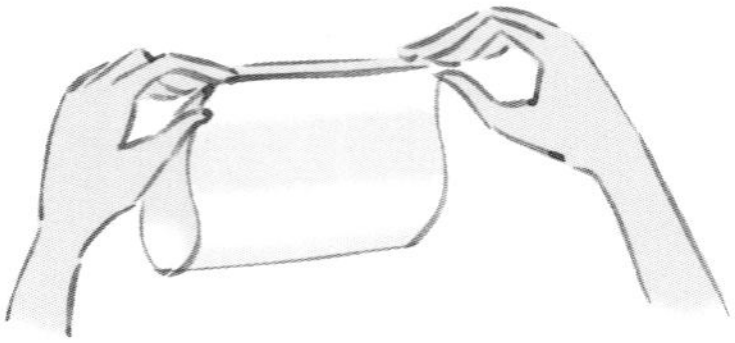

❶ 紙を半分に折る（わさを手前に）

❷ わさを下にしてお札の表を向け、顔が下に来るようにして、中央に置く

❸ まず左側を折る

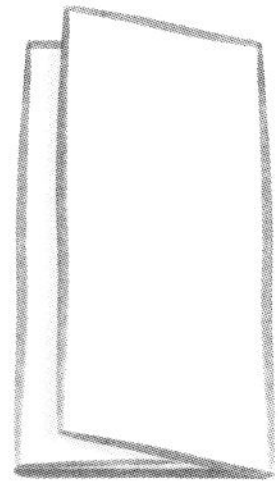

❹ 右側をかぶせる

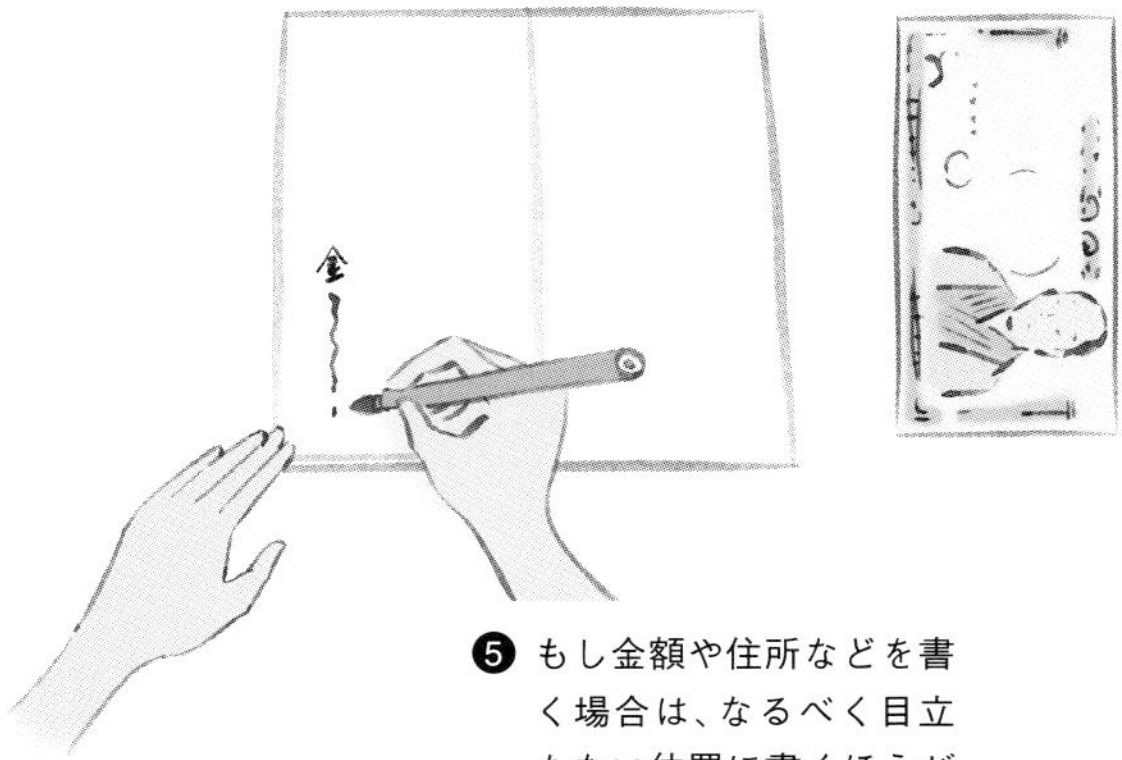

❺ もし金額や住所などを書く場合は、なるべく目立たない位置に書くほうがおくゆかしいでしょう

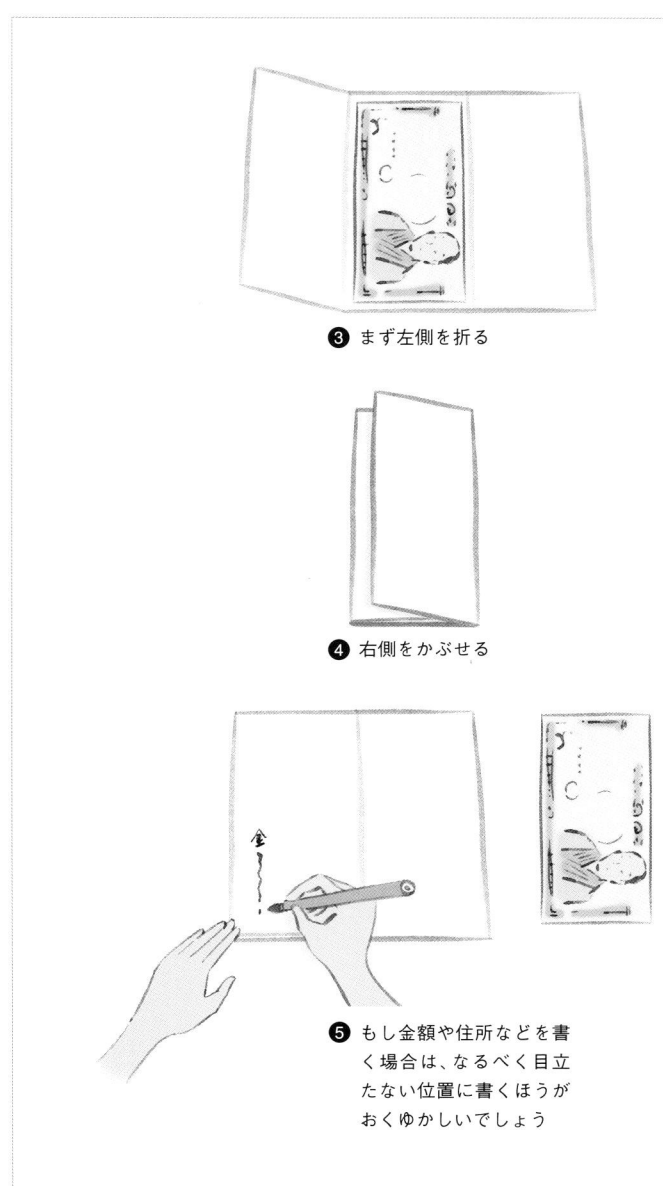

中包みの包み方（慶事）Ⅱ　二つ折

❶ わさを左にして紙を広げ、お札の表を向け、顔が下に来るようにして置く

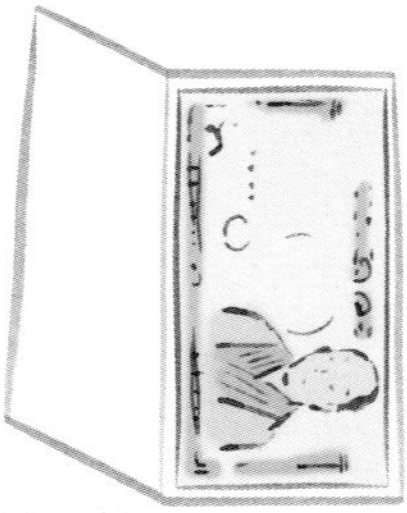

❷ 左側を折る

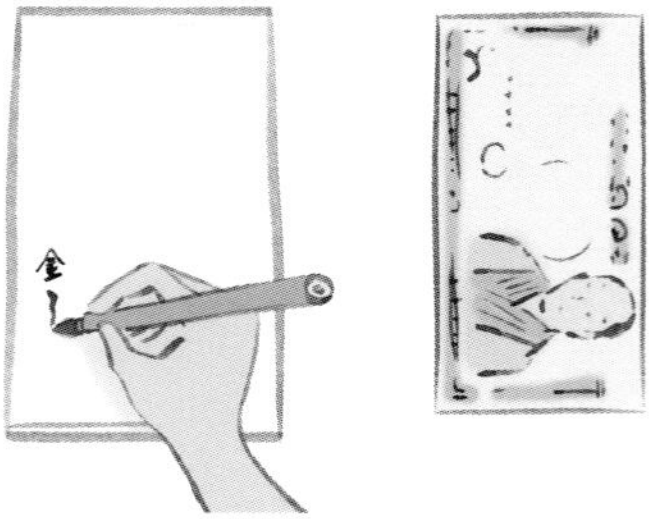

❸ もし金額や住所などを書く場合は、なるべく目立たない位置に書くほうが奥床しいでしょう

無地の封筒の場合

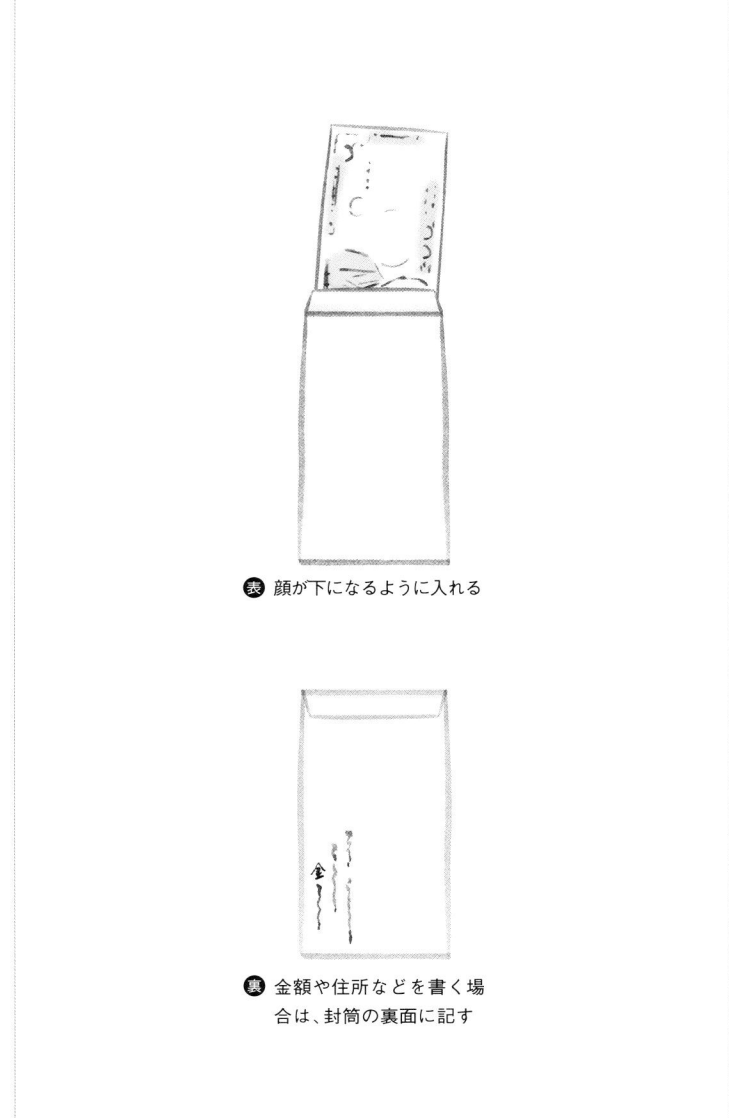

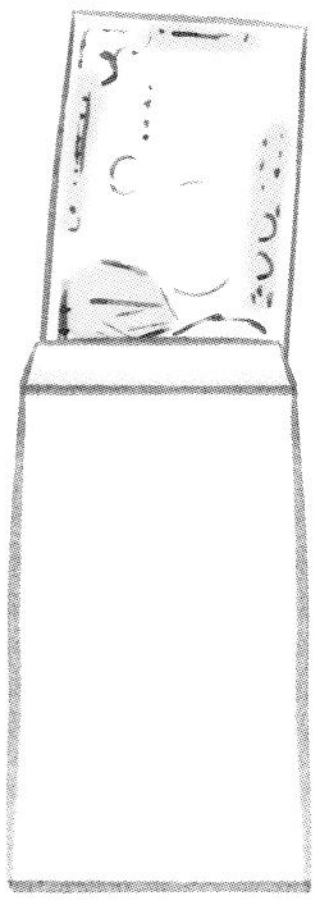

表 顔が下になるように入れる

裏 金額や住所などを書く場合は、封筒の裏面に記す

熨斗袋（上包み）の包み方

熨斗袋にはいろいろな形態があり、地方によって手に入るものが限定されていることもあります。ここでは奉書（上包み用の紙）を用いた基本的な包み方を紹介します。

包み方には慶事と弔事ではたたみ方が反対になる箇所がありますので、よく注意をして包みましょう。

上包みの包み方（慶事）

❶ 表書き・名前を書く（折り目がついていない場合は❷〜❻の順に折ってから一旦中包みをはずして書く）

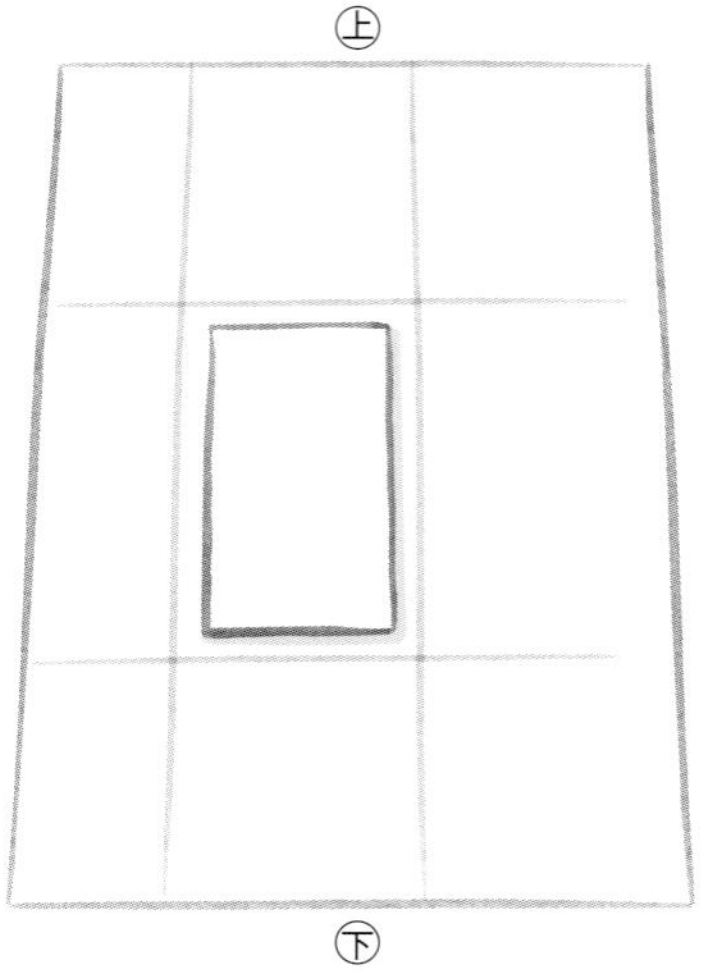

❷ 奉書（上包みの紙）の上に中包みを置く

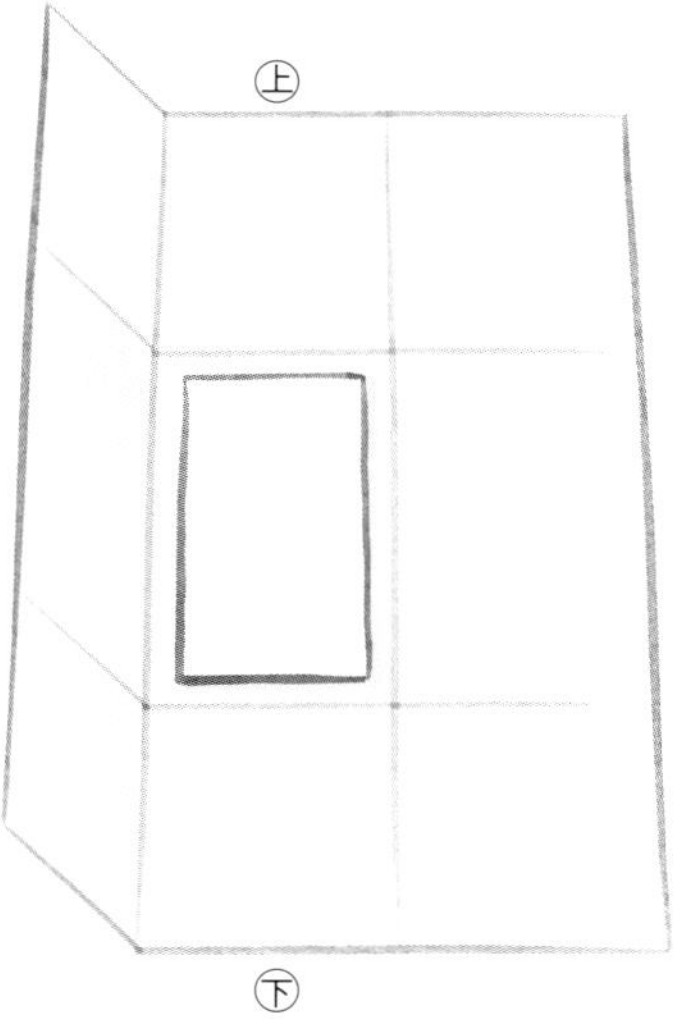

❸ まず左側を折る

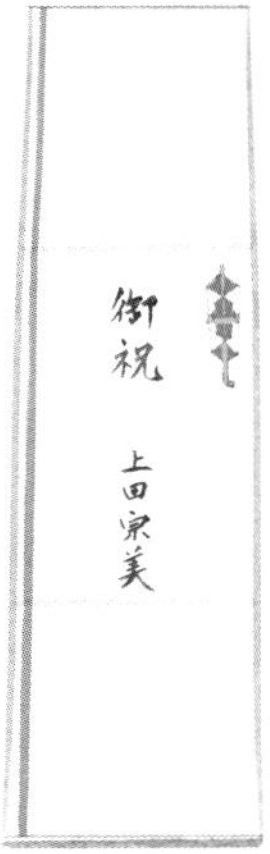

❹ 次に右側をかぶせる

❺ 上を折る

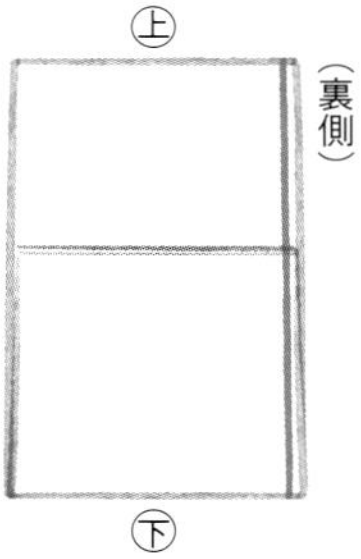

❻ 下をかぶせる
（下で受けるように）

❼ 水引をかける

※市販の熨斗袋の包み方が異なる場合は、その袋の包み方に従って下さい。

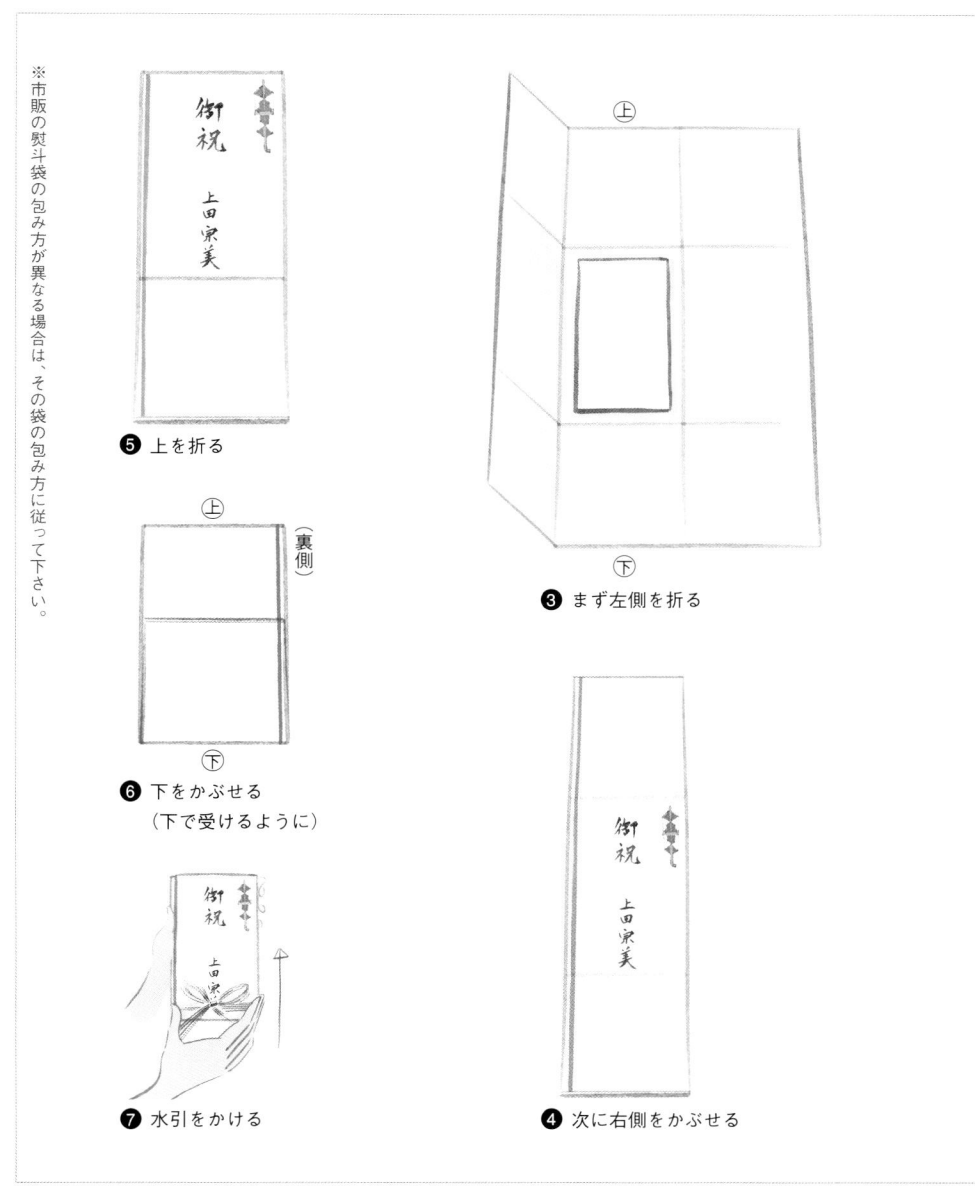

上包みの包み方（弔事）

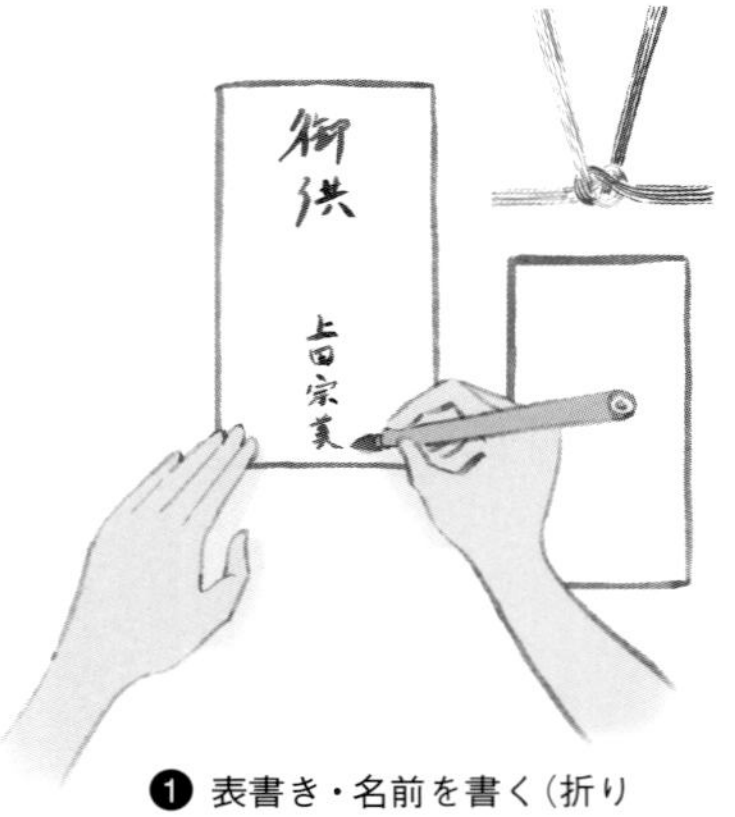

❶ 表書き・名前を書く（折り目がついていない場合は❷〜❻の順に折ってから一旦中包みをはずして書く）

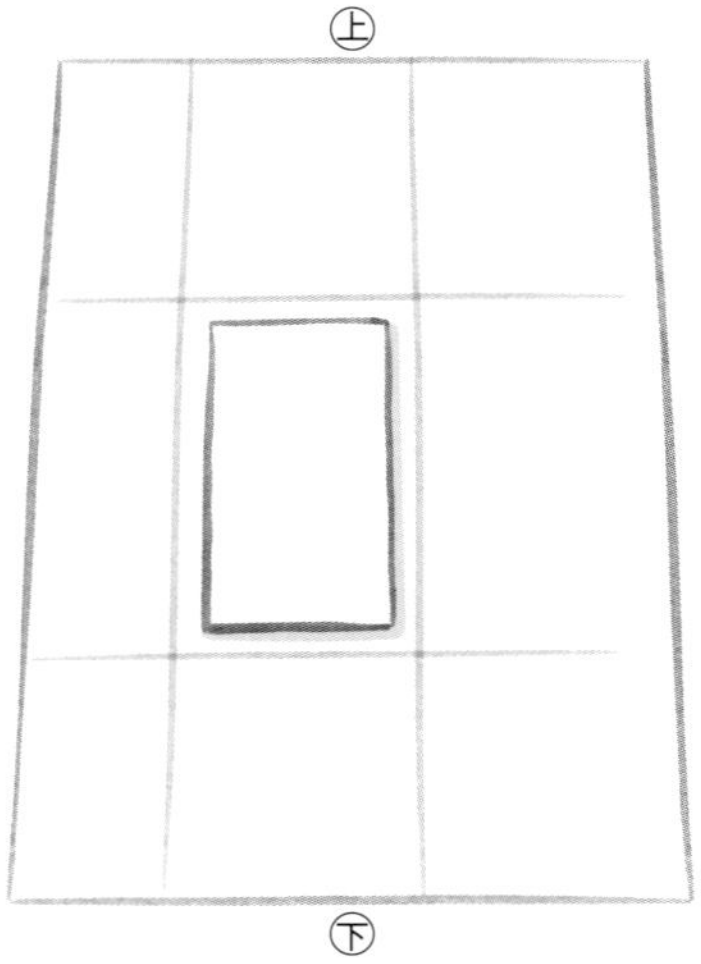

❷ 奉書（上包みの紙）の上に中包みを置く

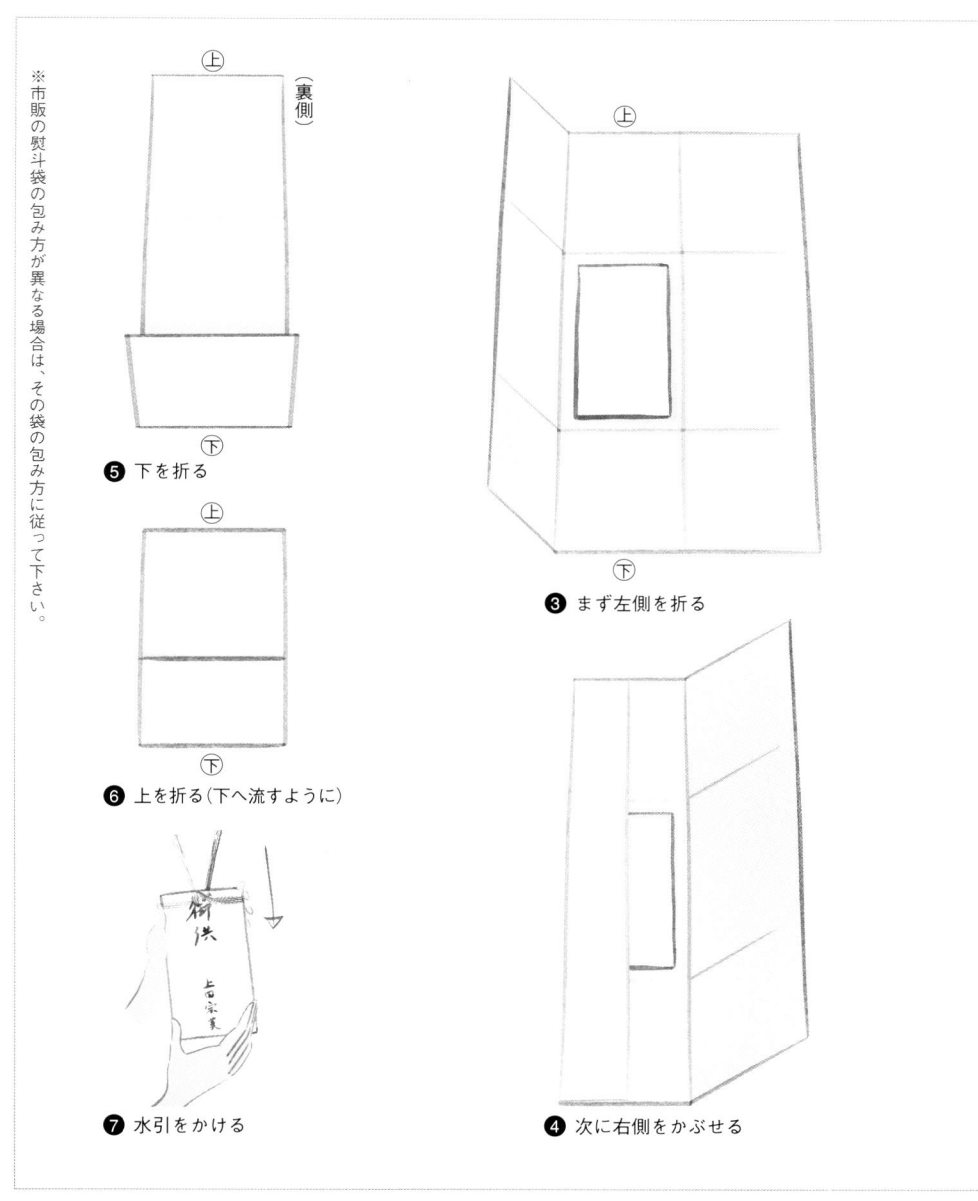

※市販の熨斗袋の包み方が異なる場合は、その袋の包み方に従って下さい。

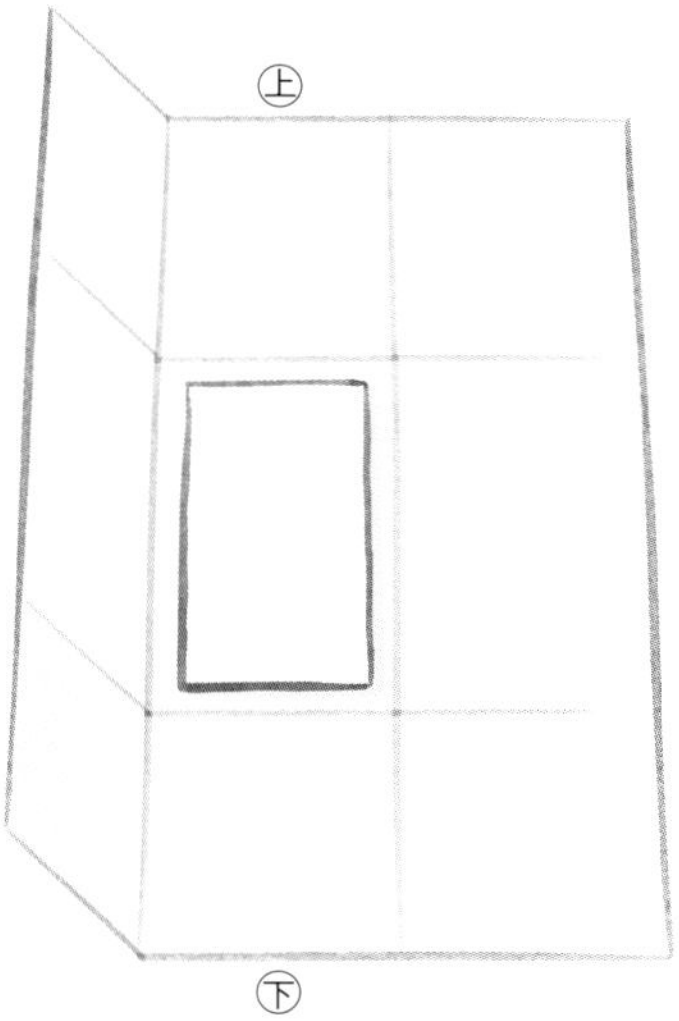

❸ まず左側を折る

❹ 次に右側をかぶせる

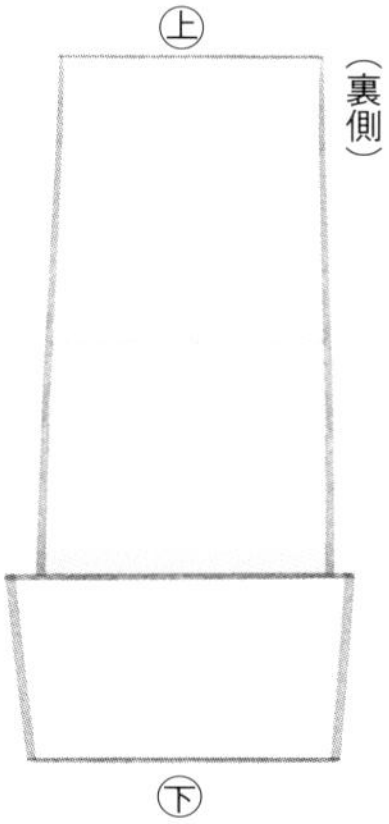

❺ 下を折る

❻ 上を折る（下へ流すように）

❼ 水引をかける

袱紗・小風呂敷の包み方

熨斗袋を先方に渡す際にはそのまま渡しません。必ず袱紗《ふくさ》や小風呂敷に包んで持参します。なお、袋の向きは相手の目の前で正面の向きを変え、畳などの上に出します。手渡しはいたしません。また、慶事であれば華やかな色、またお好みの柄の入ったものを使うのもよいでしょう。ただし、弔事の場合は紺・紫・鼠色など控えめな色を使います。また、大勢の人が集まる会の場合、苗字の入ったものを使われると誰のものかがはっきりわかって先方に喜ばれます。

慶事のとき

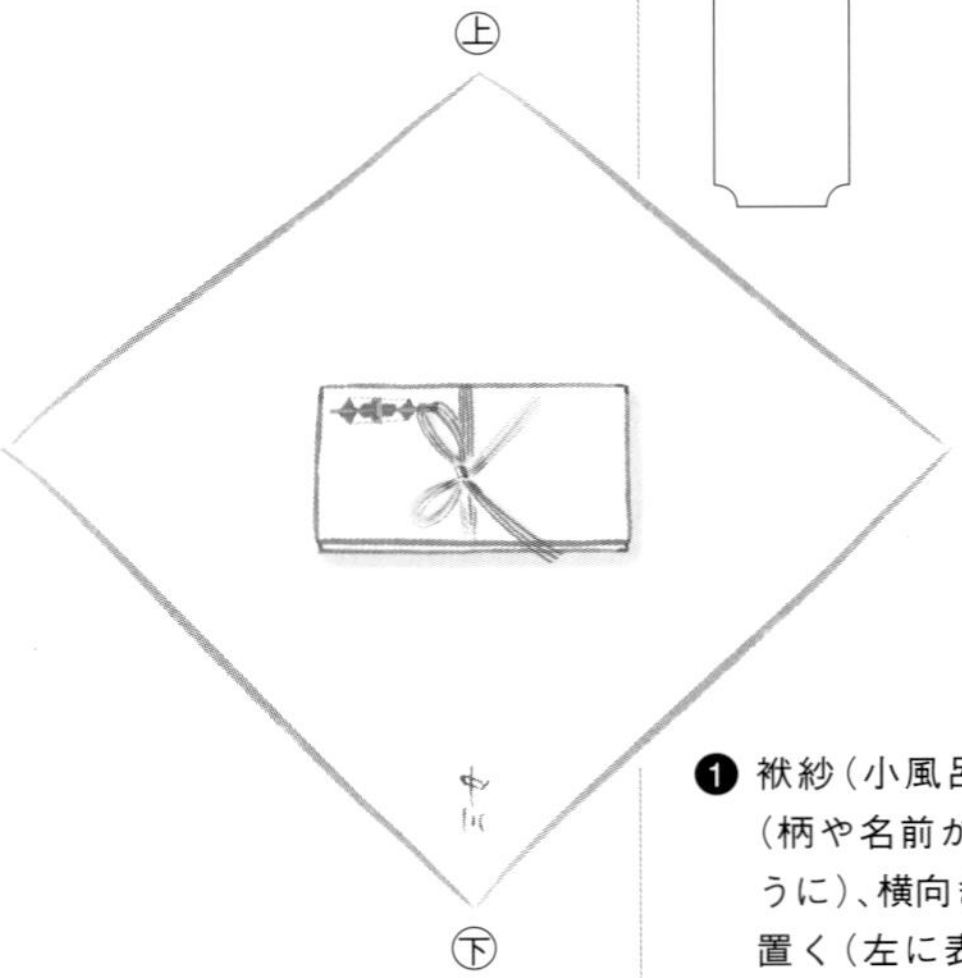

❶ 袱紗（小風呂敷）を広げ（柄や名前が中に入るように）、横向きに熨斗袋を置く（左に表書き・右に名前）

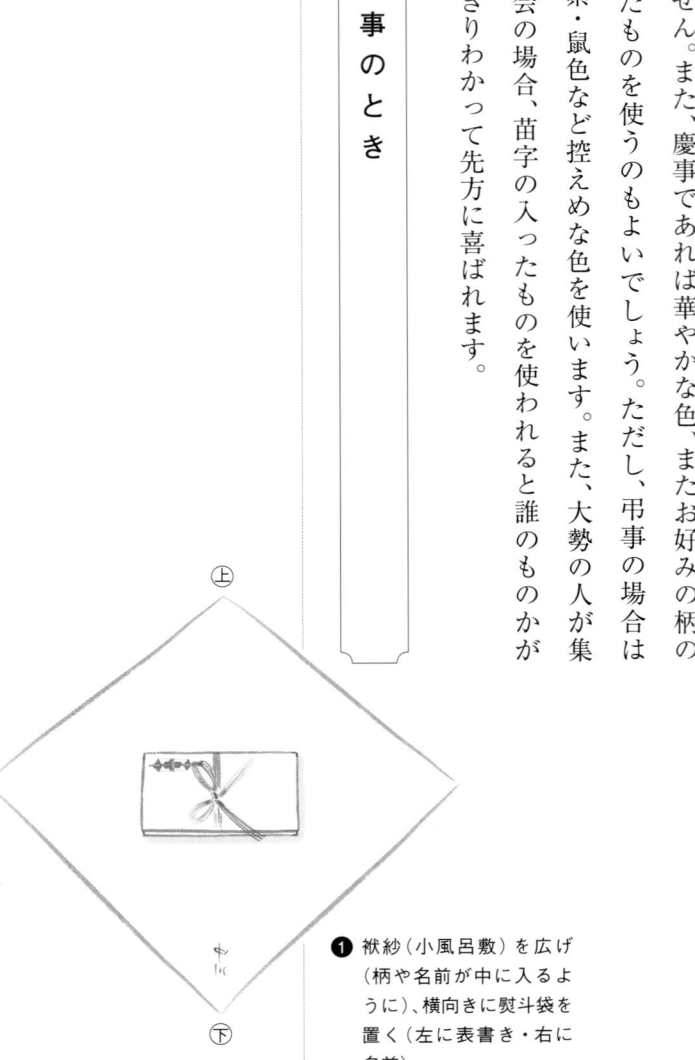

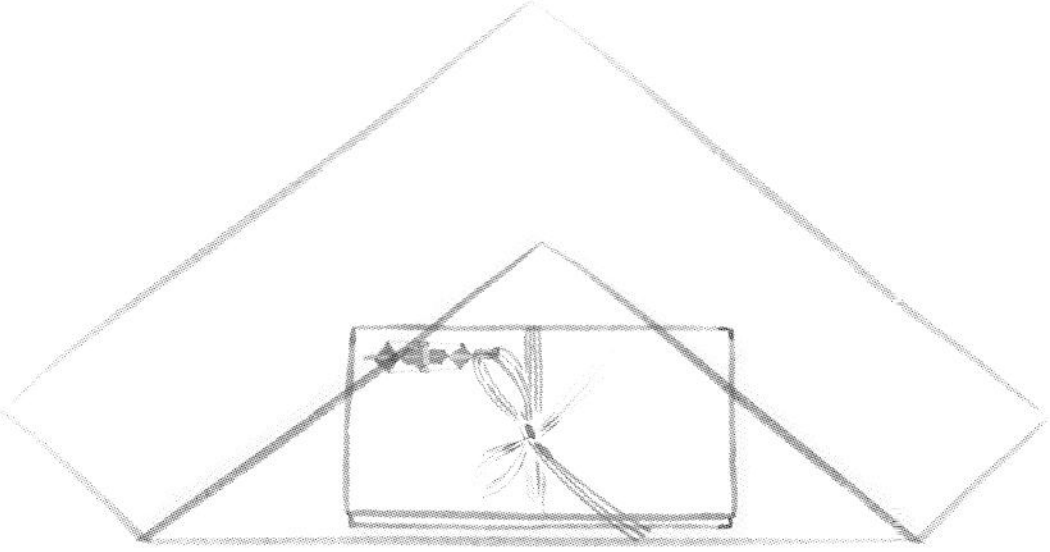

❷ 下から折る

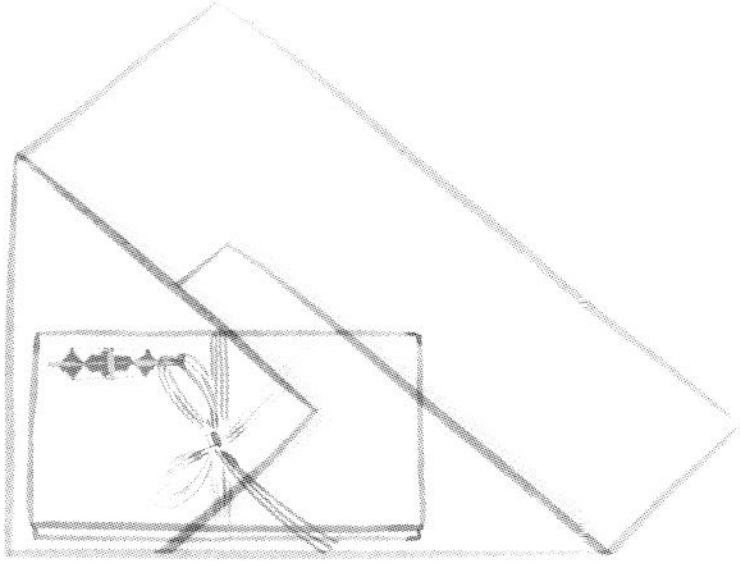

❸ 左を折る

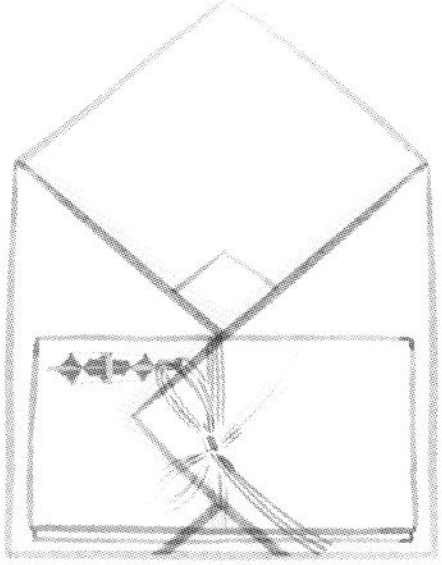

❹ 右をかぶせる

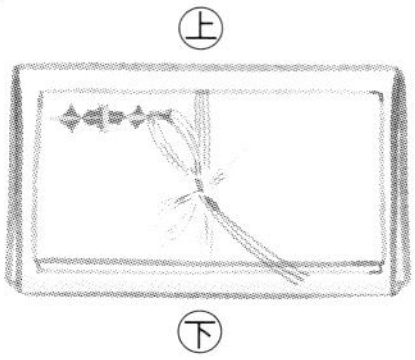

❺ 上からかぶせ、先を折り返す

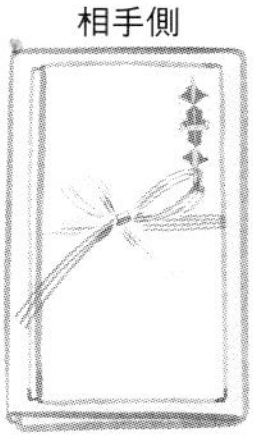

❻ 縦にする（自分の方に正面が向くようにしておく）

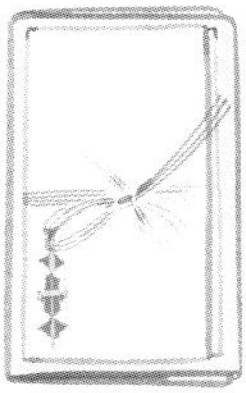

❼ 先方に出すその目の前で正面の向きを変えて出す

弔事のとき

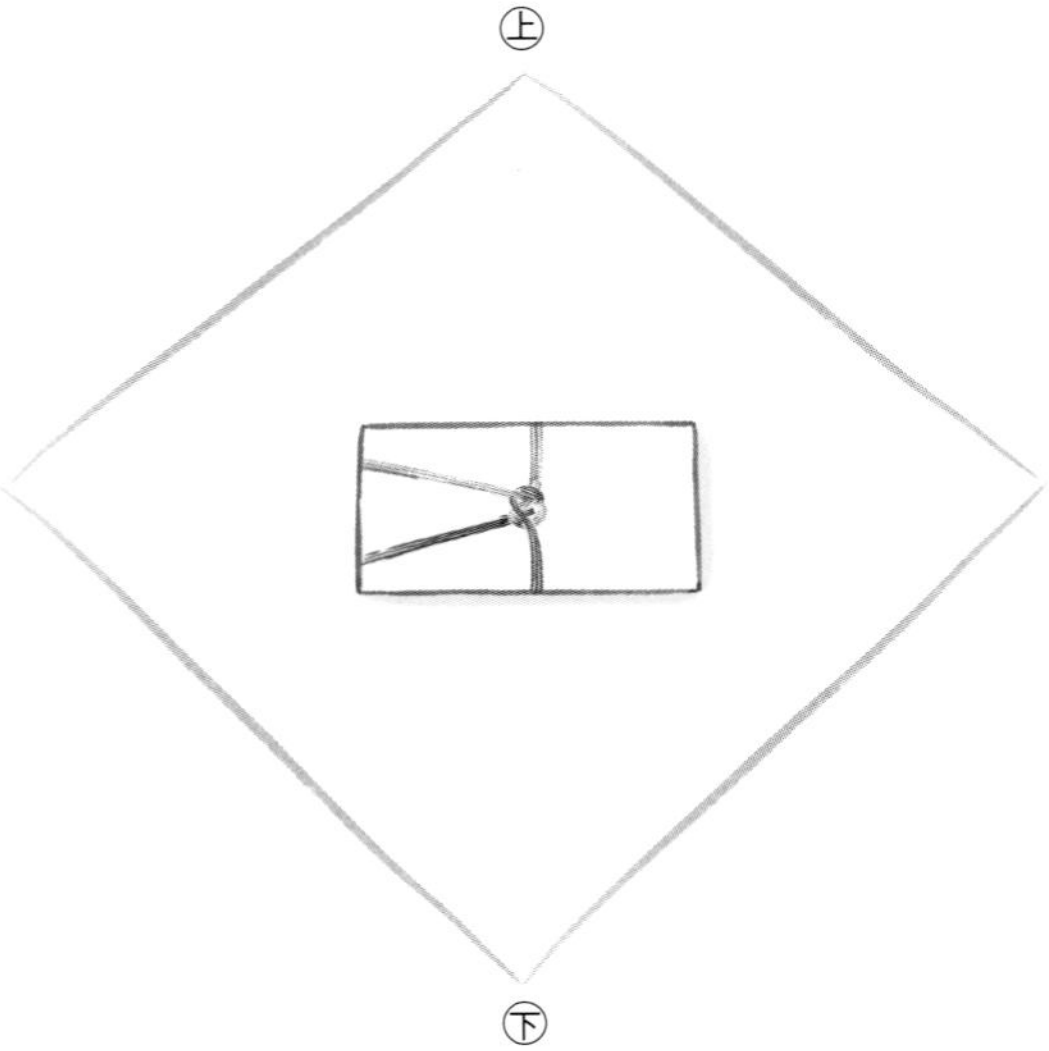

❶ 袱紗（小風呂敷）を広げ（柄や名前が中に入るように）、横向きに熨斗袋を置く（左に表書き・右に名前）

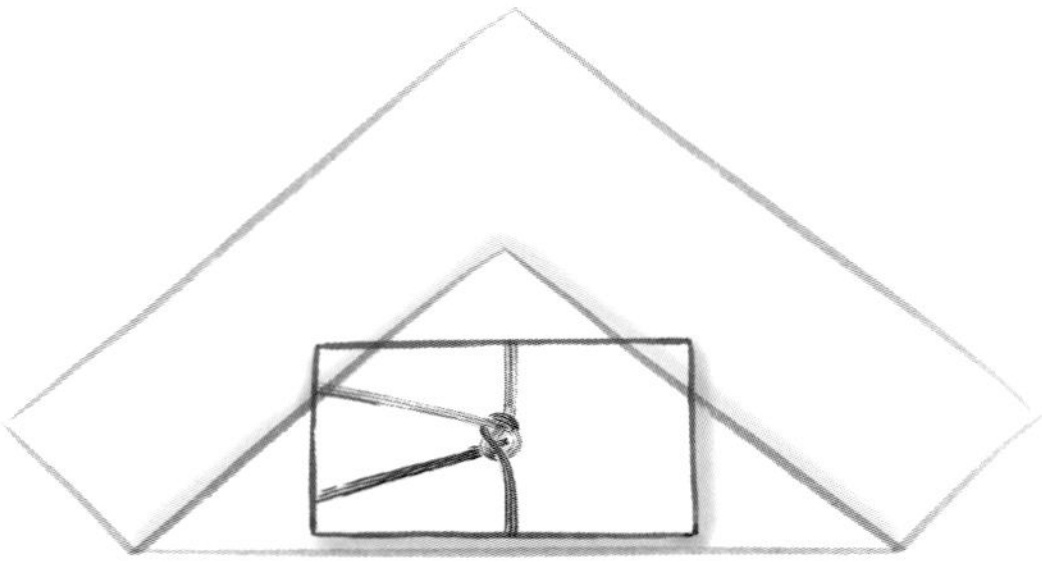

❷ 下から折る

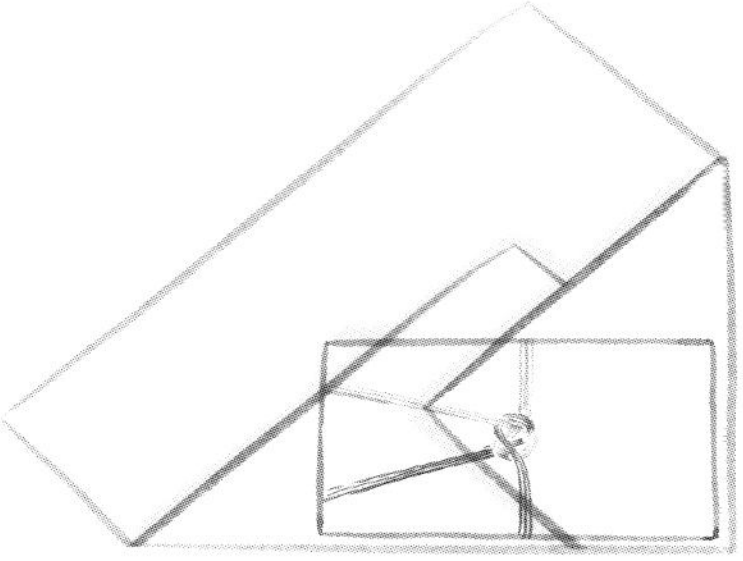

❸ 右を折る

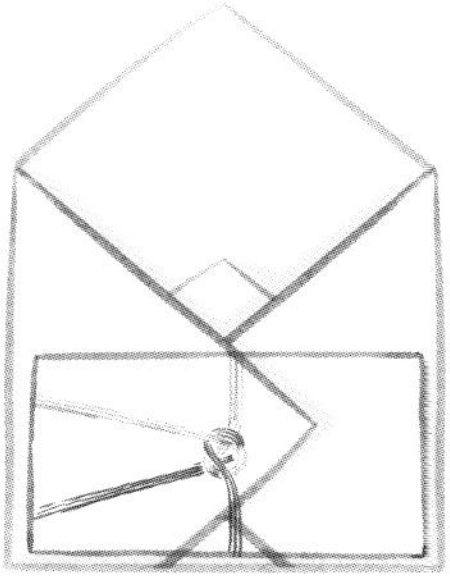

❹ 左をかぶせる

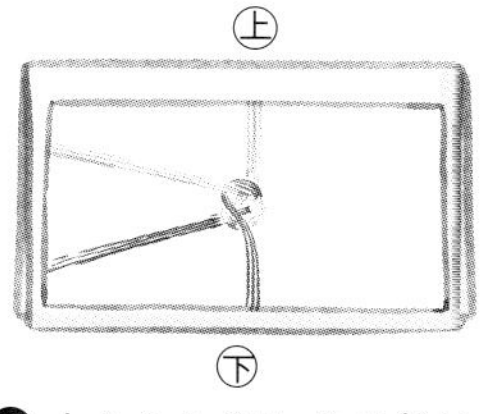

❺ 上からかぶせ、先を折り返す

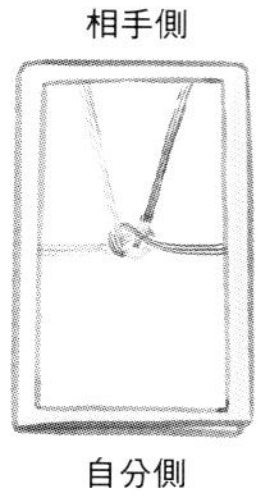

❻ 縦にする

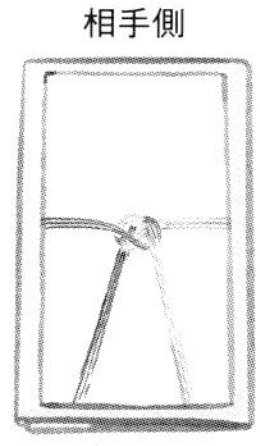

❼ 先方に出すその目の前で向きを変えて出す

熨斗袋の渡し方

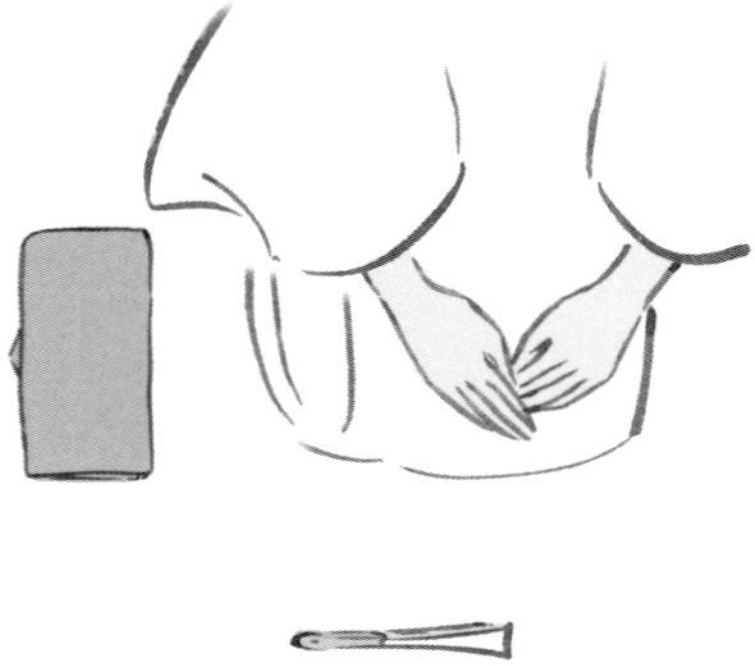

❶ 自分の右側に袱紗に包んだ熨斗袋を置く

❷ 自分の膝前で両手に取り

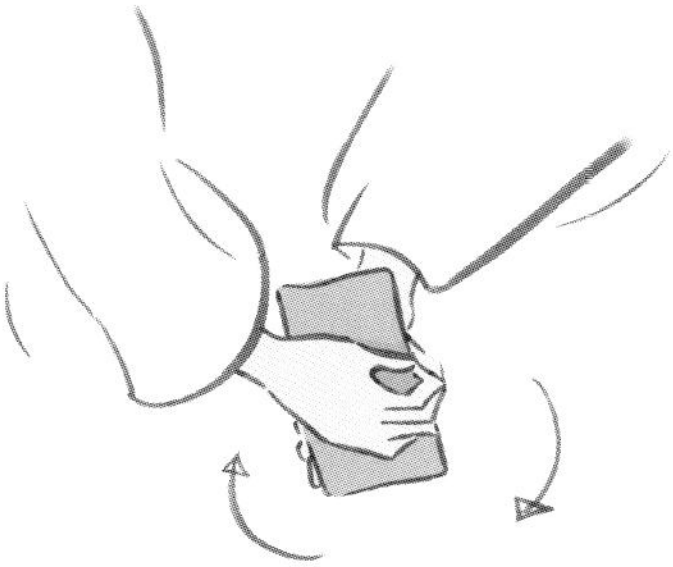

❸ 右手を左にかけて

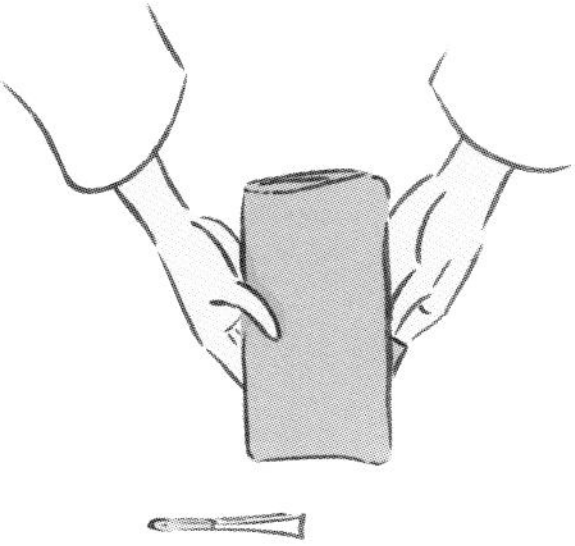

❹ 正面を正す（正面が相手の方に向くように）

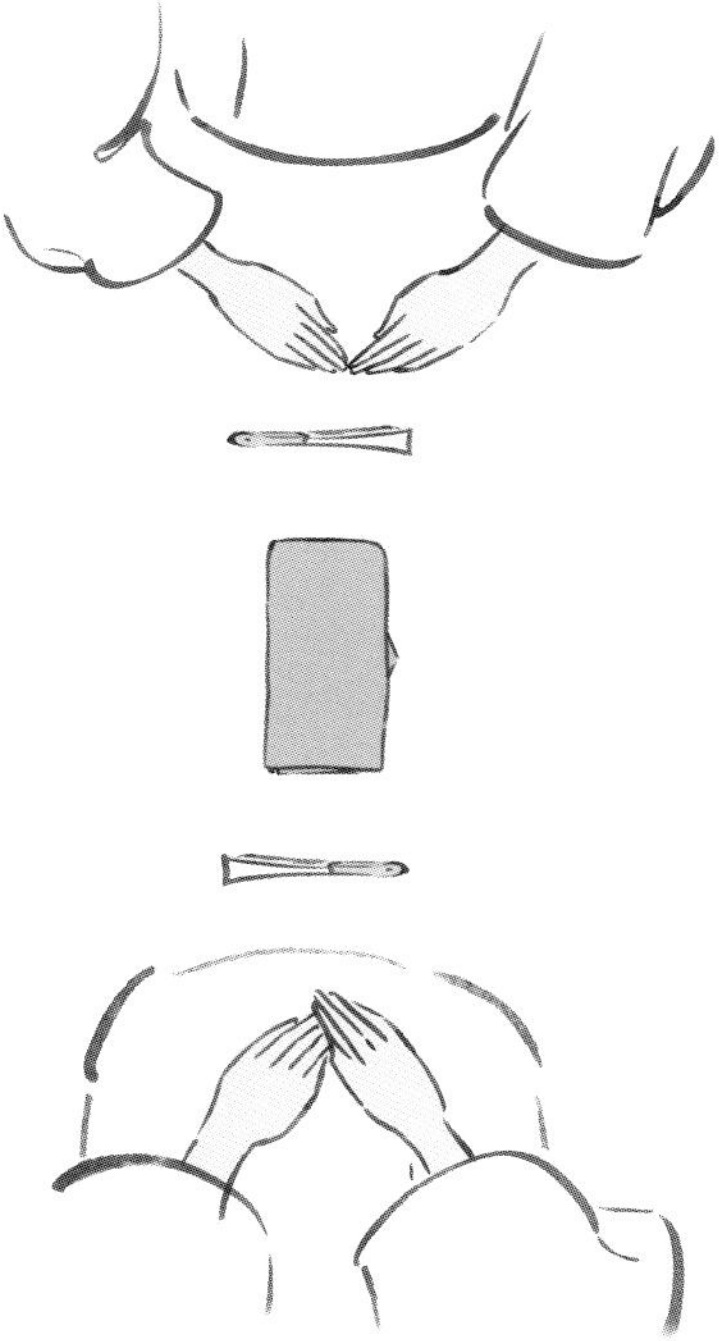

❺ 相手の前の畳の上に袱紗を置き、挨拶をする

熨斗紙（かけ紙）について

熨斗紙にもしきたりはあります

品物を贈る際にかける外包みは、本来自宅で用意した品物を上質の紙にくるみ、熨斗をつけ、水引をかけて贈るものでした。しかし最近は購入したお店で熨斗と水引が印刷された熨斗紙をつけてもらうことが多くなっており、本来熨斗をつけない食べ物にも熨斗がついていることがありますので、注意が必要です。また、お店で熨斗紙をかけてもらう際は包装紙の内側（内熨斗）もしくは外側（外熨斗）のどちらでもよろしいですが、大寄せ茶会の水屋見舞いなどに持参される場合は、外熨斗のほうがわかりやすくてよいでしょう。

正式なかけ方

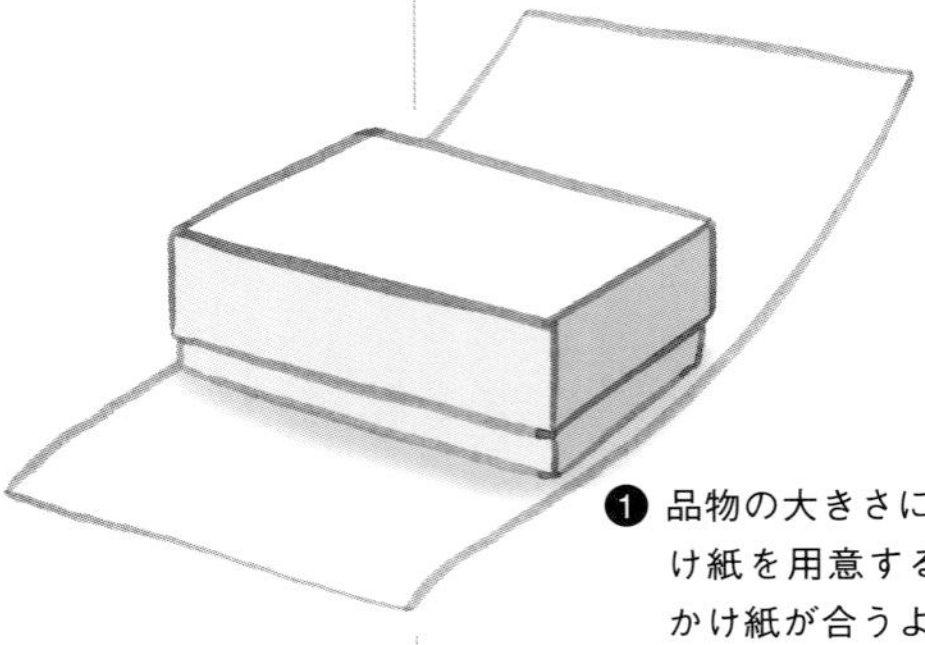

❶ 品物の大きさに合ったかけ紙を用意する。左端にかけ紙が合うように品物を置く

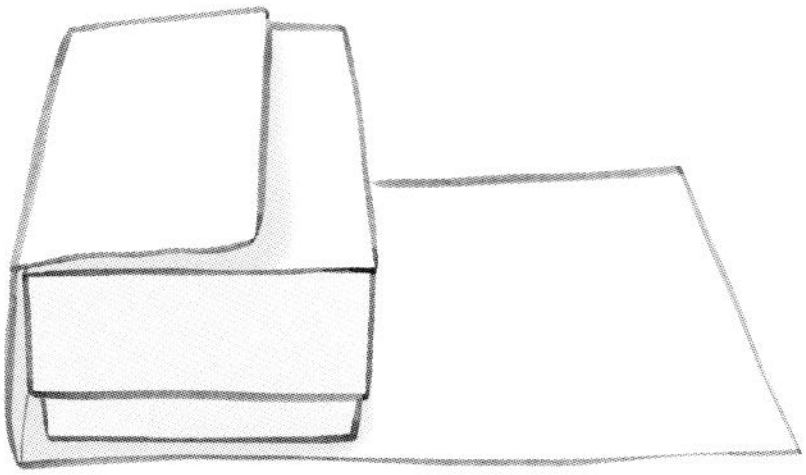

❷ まず左側を折る

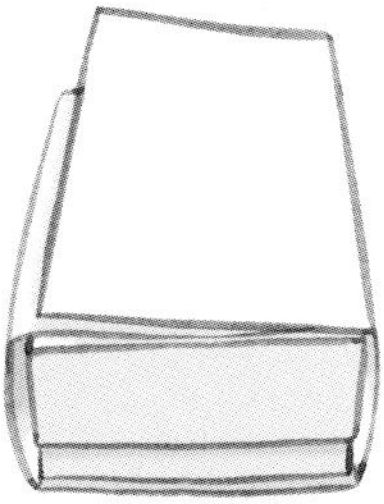

❸ 右をかぶせ品物の左端に
合わせる

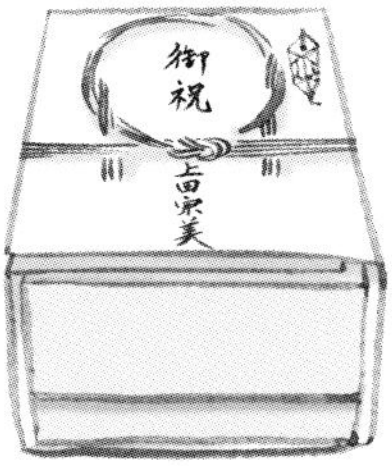

❹ 表書きをし、熨斗をつけ、
水引をかける

※慶事の場合は箱の上で和紙が右上になるように、弔事の場合は左が上になるようにします。また弔事の場合、熨斗はつけず、麻の緒などを用いることもあります。

略式のかけ方

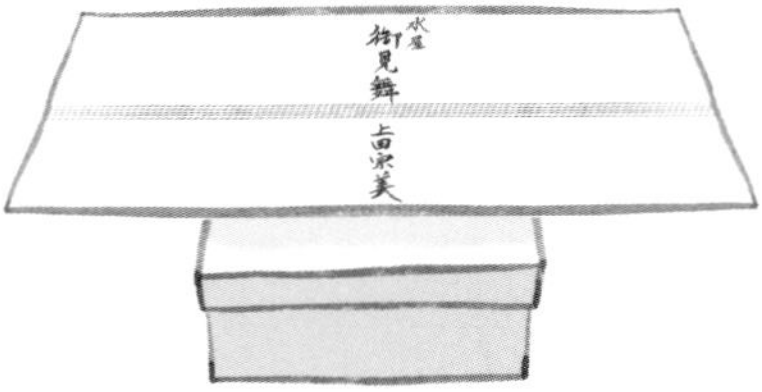

❶ 品物の大きさに合った、熨斗と水引が印刷された熨斗紙を用意する。大きさはなるべく箱の天地（上下）の長さに近いものを選ぶとよい

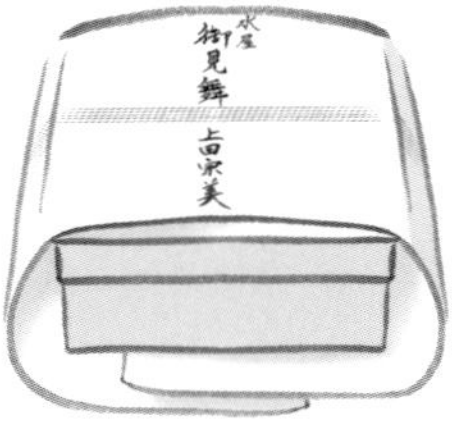

❷ 箱の左右にでる紙の幅を同じにし、上から見て右が内側、左が外側になるように折り込む

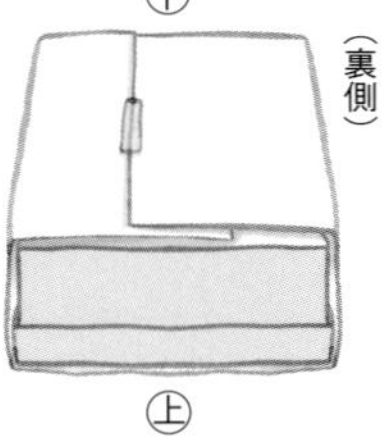

❸ 裏から見た様子。弔事の場合は止め方が逆になる

第二章

茶事・茶会の手紙

茶事・茶会を催す

一期一会を大切に過ごすために

一会の茶事・茶会を執り行うには「何のために催す茶事なのか」ということが大切です。新席披露か先祖の年忌法要か、または還暦・古稀といった喜びを分かち合うためや季節の風趣を愛でるためなど、それらには何らかの目的があります。それに応じて道具組や時間、場所がおのずと決まってきます。そして「相客《あいきゃく》に心せよ」の教えのように、客組を大切にいたします。

案内状

お客様に心地よく来ていただくために

まず正客として誰を招待するかを決め、連客は正客と茶事の趣に合わせます。その正客が高貴な方や師匠、僧籍の方などの場合は、まず亭主自身が「何々のために一会を催したく、ご来臨の栄を賜りたく存じますが、ご都合のおよろしい日時を仰せ下さいますように」と伺うのが最も丁寧な仕方です。そして連客の人選は正客に一任するか、もしくは予定している人々の名を告げて、裁断を仰ぐこともあります。

しかし現在ではそう固苦しくしなくてもよい場合もあり、案内を書状にしたためて郵送することが多くなっています。そして茶事であるからには毛筆で墨書にいたします。決してペン書きや印刷したものを使用しないで下さい。

案内状には必ず書き添えるべき事柄があります。それは茶事の日時・場所・連客の氏名です。手紙の文中でも結構ですし、追記の体裁で書き添えても結構です。

また大寄せの茶会などの案内状・招待状は茶事のものとは異なりますが、日時・場所は必ず明記します。返信用のはがきを同封することもあります。なお、注意する点は案内状に「御茶一服」とあれば、濃茶があることを指し、薄茶のみの茶会であれば「粗茶一服」と書きます。

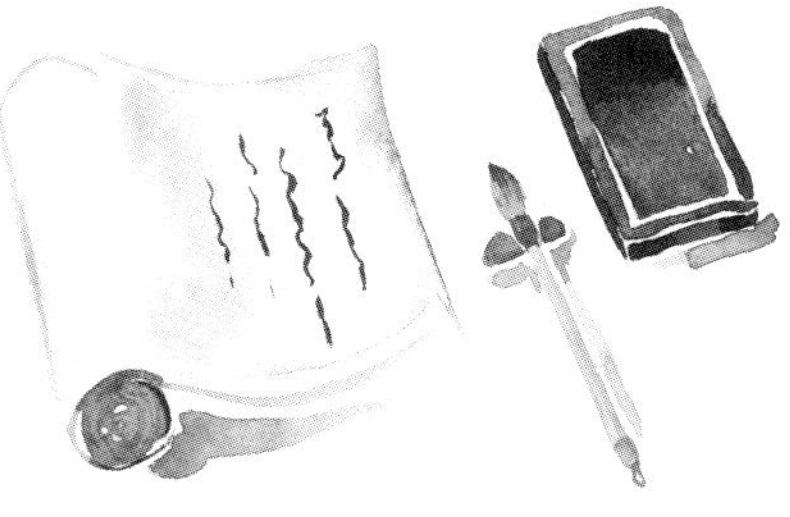

拝啓①　浅春の候　余寒なお去りやらぬ折から
御清祥の事かと存じます
扨②　久方ぶりに四方山③のお話を
伺いつつ御茶一服④差上度⑤存じます
何かと御多用かと存じますが　何卒
御来庵下さりますよう御案内申し上げます
敬具
平成二十年二月吉日
中山宗淳
福田宗寿様
記⑥
日　時　平成二十年三月二十七日
正午御席入り
於　拙宅　◯◯庵
御連客⑦　鶴井宗亀様
松山宗竹様

解説

①差出人が女性の場合、頭語はなくても季節の挨拶からはじめても結構です。
②「さて」。ひらがなでもよい。
③「よもやま」。茶事の目的が新築披露など明確なものであればそのことを書きます。
④「御茶一服」とは濃茶を指します。このことから炭手前、懐石、濃茶、薄茶のある正式な茶事のお招きだということがわかります。
⑤「さしあげたく」。女性であれば送り仮名をつけると軟らかい印象になります。
⑥追記の形式をとる場合。
⑦連客がすでに決まっている場合は明記します。また詰の役割が決まっている場合は「詰　◯◯◯様」と書くとよいでしょう。また、ここに「御正客　◯◯◯様」と改めて先方の名前を書き記すこともあります。

ワンポイントアドバイス　●連客の書き方

〔追記の形式がよい場合〕
亭主と正客の間柄が親しく、連客も同様の場合や正客との相談の上で、すでに決まっている場合も改めて書き記します。

〔正客に連客の人選を任せる場合〕
正客に何名かの相伴客をお願いする旨を書き添えます（46頁参照）。

〔連客が多い場合の名前の書き方〕
茶事の客組みは通常三人から五人が適当ですが、大勢の場合は別紙に客組を書きます。なお名前の書かれている順が茶席内での席次になります。また初めて顔を合わす客がいる場合は、その方の都道府県名などを明記するのも一案です。

〔正客以外の連客への手紙の場合〕
すでに連客が決まっている際の案内状へは、「正客　〇〇〇様」などと記し、すべての客の名前を必ず書きます。決して宛名の方の名前を省いて書くことのないようにします。

茶事

目上の方へ

①拝啓　秋冷の候
②愈々御清祥の段　③賀し奉り候
扨　今般　今年の茶壺相整いましたれば
知足庵に於て　御茶一服差上度く存じ候間
諸事御多端之砌とは存候得共
④来る十一月二十日正午御来庵相成度
此段御案内申上候
敬白
平成二十年十月吉日
佐山宗準
山本宗輝様
追
⑤御社中二名御相伴下さりますように
⑥詰は当方社中　長島宗利相仕べく候

解説

①目上の方への書状へは改まった形式にします。
②「いよいよ」。
③目上の方、特に高貴な方をお招きする場合の案内状には言葉一つ一つも格式をもった表現にします。
④本文中に茶事の日時を記すこともあります。
⑤連客を正客にゆだねる場合の書き方。
⑥相伴客が正客の社中の場合でも、亭主側の呼吸がわかっている方が詰の役割をすることもあります。

ワンポイントアドバイス　●茶事の席入りの時間

［正午の茶事（基本）］
茶事は基本的に正午の茶事で行われ、新席披露や口切《くちき》りなどもこれに準じます。ですから席入りの案内の時間は午前十一時から正午にします。なお口切りや茶飯釜《ちゃはんがま》など手順の多い茶事の場合、午前十一時頃に席入りするとちょうど昼頃にお膳の持ち出しとなります。

［朝茶事］
夏の暑い盛りに催すので、日が昇りきらないうちに茶事がはじまります。案内の時間は日の出の頃を見計らいます。

［夜咄《よばなし》］
炉の時期の寒い季節を楽しむための茶事ですから、席入りは日が暮れはじめる頃に案内します。

［暁《あかつき》の茶事］
暁とは古くは夜半から夜明けまでを指し、暁闇《ぎょうあん》からしだいに夜が明けてゆき、やがて暁光《ぎょうこう》がみなぎるまでの情趣を楽しむもので、午前四時頃の席入りとなります。またこれは殊《こと》のほか寒い時期に催すもので、なかなか常人では難しいものです。

［飯後《はんご》の茶事］
一般には菓子茶事と呼ばれ、懐石の伴わない茶事です。客が食事をすませた後の時間に合わせるので、朝食後ならば午前九時〜十時頃まで、昼食後ならば午後一時から二時頃までの間に案内をします。いずれも他の茶事と時間的に密接しないようにします。

僧籍等の方へ

謹啓①　浅春の候　餘寒なお去りやらぬ折から
御清祥の段　賀し奉り候②　扨　今般当家
普請相成　小庵にて御茶一服
差上度存じ候得共　諸事御多端の砌③
来る三月二十五日正午
知足庵迄お出ましを賜り度
此段御案内申上候

頓首④

平成二十年二月二十八日

佐山宗準

○○寺山内⑤　○○院
○○和尚様

解説

①僧籍等の方への頭語は丁寧な言葉にします。
②目上の方への手紙同様、格式を重んじた書信にします。
③「みぎり」。他には「ご多用の所」、「ご多用の折」などとも書きます。
④「とんしゅ」。高貴な方への結語。
⑤他に「○○院住職　○○○○様」「○○御老師様」などと書きます。

拝啓　①立冬を迎え今年も暦少なになりました
一年の越し方を振り返り　つたなきことながら
御茶一服　差し上げたく存じます　②夕刻より恐縮では
ございますが　なにとぞお出まし下さいますよ
うご案内申し上げます　　敬具

③右、夜咄の茶事御案内迄

平成二十年十一月吉日　　長岡宗京

堤　宗緋様

記

日　時　平成二十年十二月二十日
　　　　午後四時お席入り
於　　　〇〇庵

御連客　山本宗輝様
詰　　　安達宗和様

解説

①友人宛の手紙には季節の挨拶も親しみやすい表現でよいでしょう。

②基本の正午の茶事の時間ではないので、ひと言断りの言葉を添えるのもよいでしょう。

③結びの挨拶で茶事の趣旨を述べます。こうすると簡潔でまとまりのある手紙になります。

大寄せ茶会（追善茶会）

拝啓　極寒の候　①御尊台には御清栄の段
大慶に存じ上げます　扨　本年は
②先師二十三回忌にあたります　つきましては
供養の茶会を催し　③追善のしるしと
いたしたく存じます　御多用の中恐れ入りますが
何卒御来庵下さいましまして
先師をお偲び　いただきますれば
幸いに存じます　　敬具

右　追善茶会御案内迄

平成二十年二月一日

④○○庵　鈴木宗礼

桜山宗芳様

記

一、日時　平成二十年三月二十日
⑤午前九時〜午後三時迄
一、会場　○○寺山内○○院
一、茶席　濃茶席（○○亭）鈴木宗礼
薄茶席（○○亭）○○会
点心席　嵐山吉祥

解説

①「ごそんだい」。目上の方を敬う表現。貴台とも書きます。

②茶会の趣旨。

③追善の茶会なのでこのように表現するのもよいでしょう。

④亭主の庵号。社中一同で催す大寄せの茶会の場合、席主に庵号があればそれを明記するほうがよいでしょう。

⑤この時間の内に受付・席入りをします。あまり終わりの時間ぎりぎりに行くのは考えものです。

⑥追善の茶会で法要があれば、書き添えます。

⑦返信のはがきを同封します。なお、受け取った側は出来るだけ早く返事を出すようにします。

一、法要⑥　午前八時より
御参列の方は定刻十分前に御着席
願いとう存じます
追　準備の都合上⑦
三月十五日迄に御返信下さりますように

ワンポイントアドバイス　●茶事・茶会を行う場所について

〔自宅〕　最も基本的な場所です。特に茶事を行う場合、使い慣れた自宅の茶室が一番適しています。しかし、昨今の住宅事情で露地や待合などのしつらえが出来ないこともあるので、臨機応変に対応すればよいでしょう。

〔料亭〕　料理や懐石を出すことを考慮すると便利な場所です。また店によっては露地や庭に風趣がある所もあるので、自宅に制限のある方にはよいでしょう。ただし、他のお客と行き合うこともあるので、店によく確認します。

〔ホテル〕　交通の便のよい所にあることが多いので、遠方からのお客を招くには便利な所です。懐石もホテルに任せることができるので、心強いでしょう。また水屋道具などを貸し出してくれるホテルもあります。大寄せ茶会にも向いています。

〔美術館・庭園〕　美術館・庭園ゆかりの有名な茶室でお茶を楽しむことが出来る貴重な場所。茶事や茶会などに適しています。

〔寺社〕　よく茶会が行われている所や広く一般に貸し出している寺社以外は、よほど懇意な間柄でなければ茶事を催すことは難しいでしょう。

〔公共施設〕　茶事を催すには難しい場合が多いので、薄茶のみの茶会に適しています。なお、申し込み日が決まっている施設もあるので、注意が必要です。また茶席の室内、水屋の配置などよく確認してから使用するほうが安心です。

茶会

会友同士の茶会

拝啓　初夏の候　①会友の皆様には
その後お変りございませんか　さて早いもので
師匠が彼岸にゆかれまして　本年三回忌を迎えようと
しております　②有縁の社中が集まり法要並びに
お茶席を相催し、お供養といたしとう存じますれば
御多用の砌　恐縮ながら御来会下さいますよう
ここに謹んで御案内申し上げます　敬白

平成二十年五月五日　西岡宗光

○○会　高橋宗温先生

記

一、日時　平成二十年六月十八日
午前九時〜午後三時迄

一、於　大本山○○寺山内○○院
法要　午前八時③厳修
④点心は午前十一時〜

追　準備の都合上　御返信は六月十日までによろしく
お願いいします

解説

①会員の方全員に送る場合の表現。

②内々の人を招いての茶会であることがわかります。

③「ごんしゅう」。厳かに行われること。

④点心席がある場合。始まる時間を明記するとよりわかりやすいでしょう。

①菊薫る好季節　日ごろは御②昵懇をいただき
誠にありがとう存じます　さてこの度
③十一月八日の〇〇御苑での園遊会にて
お茶席を担当させて頂くことと
相成りました　つたなきことではございますが
ご都合よろしければお出まし下さいませ
④かしこ
平成二十年十月吉日
荒川宗静
林　宗貴様
追　⑤茶券を同封いたしましたので
お茶友とお誘い合わせでお出まし下さいませ

解説

①女性からの手紙であれば頭語はなくてもよいでしょう。
②「じっこん」。親しくしていること。
③茶会の日時と場所を本文に書く場合。追記の形で後に書く方法もあります。
④女性特有の結語。
⑤券の他に、茶会や会場のパンフレットなどがあればそれも同封するほうがより親切です。

茶会

大寄せ茶会（献茶の添釜）

謹啓　初秋の候　御尊台　益々御清祥の段
大慶に存じます　扨　今般○○山○○寺開山
八百年大遠忌法要にあたり
①○○斎御家元により御献茶の御奉仕があります
当日はふつつかながら②添釜の一席を　担当させて
頂くことに相成りました　誠に③御遠路のところ
恐れ入りますが　④御参列　御来会を賜りますよう
ここに謹んで御案内を申し上げます　　頓首
　平成二十年九月一日　　　名和宗陽
○○寺住職　○○和尚様

記

一、日時　平成二十年十月二十日
　　　　午前九時～午後三時
一、於　　○○山○○寺

　追　誠に恐れ入りますが諸般準備の
　　都合上十月十日までに御返信願い入ります

解説

①御家元など貴人の名前は必ず行頭にします。前行が途中で終わっても下を空けておきます。
②お献茶の副席（添釜）のこと。
③遠方の方に案内する場合は、このようなひと言を添えるとよいでしょう。
④お献茶があるのでこのような表現をします。

○○会御案内①

此度○○軒に於ける○○会月釜の担当をさせて
頂く事になりました　粗茶一服②ですが
御清遊③下さいませ

平成二十年九月吉日

○○会

記

日　時　十月十日　午前九時〜午後三時

於　　○○寺　○○軒

当番　瀬戸宗貴

追④　本状をご持参下さい

解説

①月釜の会の案内であることが一目でわかります。はがきの場合は簡潔な表現がよいでしょう。

②「粗茶一服」とあるので薄茶のみの茶席です。

③「ごせいゆう」。お茶ならではの表現。

④このはがきそのものが招待状になります。

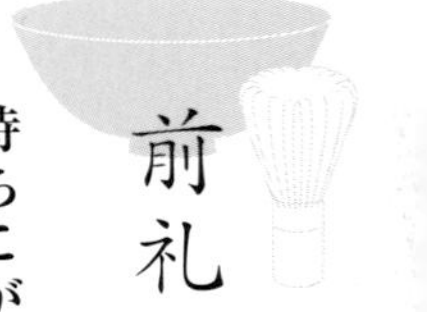

前礼

待ちこがれる気持ちを手紙に託して

茶事の案内を受ければ、前礼を行います。これは茶事の前日までに亭主宅へ赴き「御案内をいただきありがたく、当日は相楽しんでご時刻に必ずお伺いいいたします」などと述べます。このとき決してお宅に上がってはなりません。玄関先で失礼をします。連客のうち、代表のどなたかが挨拶をすることもあります。また遠方の方や代表者以外の方などは手紙を差し上げることで、前礼の代わりとすることが多くなっています。

従って前礼の手紙には「いつ、どこに行くか」ということを互いの確認のために書き記します。あまり長々と書く必要はありません。なお、前礼状はできれば一人ずつ出すことがのぞましいです。

また大寄せの茶会の案内状に返信用のはがきが同封されている場合はそれを使います。そのような茶会の場合は人数の確認が必要ですから、特に返信は早めに出します。

拝復①　関東では本日小雪が舞っております
今般久しぶりにお茶②のお招きにあずかり
誠にありがとうございます　　来る
三月二十七日③定刻通り知足庵に参上致します
当日は何とぞよろしくお願い申し上げます
御自愛専一に
かしこ

平成二十年三月一日④
東京　福田宗寿

佐山宗準先生

解説

①返信の頭語。
②まずは茶事に招かれたことへのお礼を述べます。
③前礼状には互いの確認のために、改めて茶事の日時と場所を明記します。
④前礼状には日付を入れるほうがよいでしょう。

茶事（正客より）

拝復　庭の梅のつぼみがふくらみはじめました
本日は①何よりのお招きを賜り　誠にありがとう
存じます　三月二十日定刻通り知足庵に
参上申し上げます　②又社中二名相伴の
御高配にあずかり　③当日は山本・安達
同行いたします　何とぞよろしくお願い
申し上げます
当日のお目通りまで御自愛下さいますように

敬白

④右お茶事御前礼まで

平成二十年二月二十八日

山口宗朱

佐山宗準様

解説

①茶人同士で茶事に招き、招かれるその縁がうれしいので、その気持ちを表したもの。

②案内状に相伴客を正客に任せられた場合は、その配慮へのお礼の気持ちを添えることも忘れずに。

③相伴客が決まれば、名前を亭主に知らせましょう。

④結びの言葉。

初冬の候　その後御無沙汰申し上げて
おります　　さて本日は
①夜咄の御招きにあずかり誠に
ありがとう存じます　御相伴の方々とも
②今年の思い出語り合いながら　楽しい
ひと時かとぞんじますれば
十二月二十日　〇〇庵に定刻どおり参上
申し上げます　当日は何かと
よろしくお願い申し上げます

敬具

平成二十年十一月二十五日

堤　宗緋

長岡宗京様

解説

①案内状に茶事の趣向が記してあれば、前礼状にもその旨を書いてもよいでしょう。

②心安い友人同士の茶事だとわかっている場合の表現。

詰が亭主側から出ると決まっている場合

朝夕には随分と冷え込みますように相成りました
本日は口切の茶事にお招きを賜り
恐縮致しております　①謹んで参上致しますれば
何卒ご高配よろしくお願い申し上げます
又、②お詰を浜野様にお願いして頂きまして
重ねて御礼申し上げます
敬白

右御茶事御前礼迄
平成二十年十月二十日
中川宗亮

堀辺宗美先生

追　③本来ならば前礼にお伺いを申し上げるところ
諸用にて前日の御無礼お許し下さいませ

解説

①口切の茶事は茶人の正月ともいわれる大切なものの一つです。この口切の茶事に招かれることで身の引き締まる思いがすることを表現しています。

②茶事における詰の役割は大切です。亭主側から詰めが出てくださる場合、それに対してひと言礼を述べます。

③前礼を手紙で略式にしていることを詫びるひと言を添えます。

①桜の開花も近づいて参りました　いよいよ春の到来
でございます　平素はいろいろお世話になりまして
又　御一緒に楽しくお稽古をさせて頂きまして
有難うございます　さてこの度は
②ご新築の由　誠にお目出度うございます
御丁寧な御案内を頂戴しまして　③御連客の
お名前を拝見し　恐縮な事で緊張しております
本当にありがとうございます　ご多忙な毎日に加え
お引越しの後で何かとお取り込みの中を色々な御準備
④さぞお大変な事ではと　お察し申し上げます
当日のお目もじを心待ちに
右取急ぎ御礼申し上げます　かしこ
平成二十年三月十九日　⑤榊村せい子
長岡宗京様

解説

①女性らしい季節の言葉。女性は頭語を省いても構いません。

②新築（新席）披露の茶事の案内であれば、お祝いの言葉を添えるのもよいでしょう。

③目上の正客に相伴する喜びを素直に表しています。

④亭主の多忙を気遣う結びの言葉。

⑤茶名でなくても本名でもどちらでも結構です。

不参加の場合

拝復　此度のお知らせの①御芳書賜り
恐れ入ります
安藤帯刀公御追福の御釜をおかけに
ならせられる御由　誠に御殊勝なる趣
深く感銘を受けております　早速参上御挨拶を
申し上げるべき事ながら　当日②小生
③諸般の事情により何とも致し難く④御無礼を
お許し賜りたく願い上げます
本日心ばかりの⑤お供えをお目にかけました
御茶菓の端にお加え賜りまする様願い上げます
右一筆御礼まで申し上げます　謹言
五月八日　安藤高信
松竹宗梅様

解説

①「ごほうしょ」。手紙の尊敬語。
②「しょうせい」。自分のこと。主に男性が用いる表現。
③場合によっては不参加の理由を詳しく述べてもよいでしょう。
④せっかく案内を頂いたので、その失礼を詫びることばを添えます。
⑤追善の趣旨の茶事の案内なので、お供えを贈る際の表現。

①お手紙ありがたく拝見いたしました
〇〇御苑の園遊会は毎年ご盛会と伺っており、
②万障繰り合わせまして伺います
また③御心遣いをいただきありがたく存じます
どうか時節柄御身お大切に
なさってくださいませ

かしこ

④神無月二十日

林　宗貴

荒川宗静様

解説

①女性の返信の頭語。他にも「ご書状たまわりました」などもあります。

②参加できる際の表現。また都合がつかず、参加できない場合は早めにその旨を連絡します。

③お茶席の券などが同封されていれば、そのお礼もきちんと述べます。

④親しい間柄であれば、年号を省略しても結構です。

後礼

余韻を胸にお茶のご縁につながることを感謝して

茶事に参会したならば、翌日もしくは翌々日には亭主宅へ改めて御礼に伺います。これが後礼です。しかしこれもまた近年では略して手紙を差し上げることが多くなっています。だからこそ日があまり経たないうちに手紙を出すことが礼に適《かな》っています。

後礼の手紙は感謝の心を込めてしたためればよく、特に約束事はありません。できるだけ毛筆で書くほうがよいでしょう。またお礼に地元の名産品などを贈るときはその品物に手紙を同封するか、別送する場合はその旨を手紙に書き添えます。

早春の色が一段と濃く成って参りました
①先般は誠に結構な御茶を賜り
ありがたく存じました
②お茶の御縁とはかくも有難いものかと語りながら
一同帰路につきました　取り急ぎ書状にて一文
御禮を申し上げます
時候不順呉々も御自愛専一にと祈り上げます

早々

③右　御禮まで

三月三十日

福田宗寿

中山宗淳様

解説

①後礼の手紙はできるだけ早いうちに出します。
②余情残心を表現するためには、茶事の感想をあまり細かに述べないほうがよいでしょう。
③結びの言葉。

茶事

正客より

春陽の候　先日は久方に知足庵にて御茶賜り
誠にありがとう存じました　　　御茶のご縁
本当に感謝申し上げております
①そのうち当方にもお出ましくださいますように
その折まで　御自愛下さいませ
かしこ

右、お茶事の御礼まで
②平成二十年三月二十二日
山本宗輝

佐山宗準様

追　③帰路には御心遣いありがとう存じました
重ねて御礼申し上げます

解説

①茶事に招かれれば、後日その亭主を招いて茶事を催すことが茶人の礼儀とされていますので、また日を改めて茶事に招きたいことを書き添えるとよいでしょう。

②茶事は二十日に行われたので、その数日中に後礼の手紙は出します。もし、諸事の事情で遅れてしまった場合は、ひと言お詫びのことばを添えましょう。

③茶事の帰り際に何か記念品などを頂いた場合は、そのお礼を述べます。

①今年も愈々残り数日と相成りました　先日は
夜咄の茶事にお招き頂き本当にありがとう存じました
②席中でのお話の数々　想い出いっぱいで
御茶の御縁が身にしみてありがたく
只々感謝でございます　伺いますと何かと
③昨今ご多用の事　くれぐれも
御身御自愛くださいまして
④どうか良きお年をお迎え下さいますように
又のお目もじ楽しみにしています

かしこ

平成二十年十二月二十二日

菊川宗保

長岡宗京様

追　⑤当地方の品　一折、御笑納下さいませ

解説

①師走の挨拶。

②親しい間柄ならば、茶事の感想を簡潔に述べてもよいでしょう。

③席中での会話の中で気にかかることがあれば、それを労《いたわ》る言葉を添えてもよいでしょう。ただし、あまりくどくならないように気をつけます。

④年の瀬の結びの言葉。

⑤お礼の品を送る場合はひと言添えます。品物を別送する場合も同様です。

茶事

追善の茶事

陽春の気配を感じます今日この頃でございます
此度は御先師二十三回忌にあたり御供養の
①御茶下さり誠にありがとう存じました
待合の御遺影を拝し　②改めて
その御教えに感謝いたしました　想い出深い
一服はつきせぬ香りにみちておりました
取り急ぎ御茶の御礼を申し上げます
後日談はいずれ御拝姿の折に　　早々
右　御礼まで
平成二十年三月二十一日　　桜山宗芳　拝③
鈴本宗礼先生
先師をお偲びして一句奉りて
④想い出の　細きはしらに　手向花

解説

①まず御茶に招いて頂いたことへの感謝の言葉を述べます。
②追善の茶事であれば、その方への想い出を共感する気持ちを表現するのもよいでしょう。
③自分の名前の下に「拝」と記すのは、自分がへりくだって相手に敬意を表すときに用います。
④後礼状に一首したためるのも一案です。

大寄せ茶会（はがき）③

そろそろ紅葉のたよりも聞こえてまいりました
先日の園遊会のお招きありがとうございました
①好天にも恵まれ清々しく過ごさせて頂きました
大勢の②お客様でさぞお疲れになられたことでしょう
どうか御自愛専一にお過ごし下さいませ
またお目にかかれるのを楽しみにしております
かしこ
十一月十日
荒川宗静 拝

解説

①簡潔に感想を述べます。
②相手のことを気遣うひと言を添えるとよいでしょう。
③親しい間柄ならばはがきや一筆箋でもよいでしょう。その場合、頭語や結語などは省略します。

稽古茶事（茶事教室）

十二月に入り急に寒さが増して参りました
去る十一月二十二日には口切茶事の懐石の頂き方の御指導　有難うございました
当日は大変楽しく勉強させて頂きました
今までの経験の中で間違っていたこと
知らなかったことが　随分とありましたが
この度お教えを頂きましたことで納得でき安心いたしました
これからも回を重ねて勉強していきたいと強く感じました　本当に有難うございました
寒さに向かいます　くれぐれもお大切になされますよう　お祈りいたします

かしこ

十二月三日

清川宗翠

佐山宗準先生

解説

①茶事・茶会当日から数日経ってしまった場合、催された会の日にちを述べるほうが相手にわかりやすくなります。

②先生の講義への素直な感謝の気持ちを表します。また内容で感銘を受けたことを具体的に書き添えてもよいでしょう。

③今後の抱負を述べるとよりよいでしょう。

第三章

気持ちを伝える手紙

記念日によせて

日頃の感謝の気持ちを手紙に託す

母の日によせて　師匠へ　（花束にカードを添えて）①

②いつも御指導ありがとうございます。
ますますのご清栄をお祈り申し上げます。
日頃よりの感謝を込めて。

山田正人

③小川宗春先生

解説

①女性はいくつになってもお花を頂くことはうれしいものです。母の日によせて花束を贈るなら、おしゃれなカードにひと言感謝の気持ちを添えるのも素敵です。

②カードには短い文章でまとめるほうがすっきりします。

③洋風のカードであれば、横書きにしてもよいでしょう。その場合、宛名は一番はじめに書きます。

父の日によせて

師匠へ（しばらく稽古を休んでいる弟子から）

くちなしの花の甘い香りが漂いはじめました。
①ご無沙汰をいたし、失礼しております。
谷中先生にはご健勝のことと存じます。
②幼い頃よりお茶の手ほどきをいただき、
これまで続けてこられたこと
心より感謝いたしております。③私も親になり
改めて育てることの難しさ、楽しさを感じております。
いましばらく手のかかる時期が続くようですが、
④落ち着きますれば、またお稽古に伺わせて
頂きたいと存じておりますので、
どうぞよろしくお願い致します。
気候不順の折、どうか御自愛くださいませ。

かしこ

平成二十年六月十五日　新井葉子

谷中宗道先生

解説

①しばらく無沙汰をしている場合の挨拶の言葉。他に「すっかりご無沙汰をいたしております」「久しくお便りもせず失礼申し上げました」などと書きます。

②父の日によせた手紙なので、そのことに関するような内容を書くとよいでしょう。

③久しぶりの音信であれば、自分の近況を述べるのもよいでしょう。

④また稽古を再開するつもりがあれば、その旨を述べると師匠も安心されます。

誕生日に　師匠の米寿によせて

拝啓　新涼の候　ご健勝のことと
存じます　このたびはおめでたく
米寿の賀を迎えられる由　衷心より
お祝い申し上げます　これもひとえに
お茶あればこそと日頃より仰られている
御言葉が心に沁みて参ります
今後も相変わりませず御指導賜りますよう
お願い申し上げると共に
先生の益々の御健康をお祈り申し上げます
右御祝迄　敬具
平成二十年九月一日
山川静子
鶴井宗亀先生
追　別便にて御祝の品をお送りしました
お使いいただければうれしゅうございます

解説

①毎年の誕生日もさることながら、人生の節目に当たる賀寿の祝いには家族だけでなく、社中よりお祝いの言葉を贈られるとご当人にとっても、大変うれしいことです。なお、長寿の祝いは本来数え年で祝うものでしたが、最近では満年齢で祝うこともあります。

②「ちゅうしん」。まごころ、心の奥底の意。

③誕生日の数日前までに届くようにしましょう。

④贈り物を別送する場合はその旨を手紙に書き添えます。品物だけを送らないようにします。

結婚記念日によせて　同門・友人へ

木々の青さが一層深みを増してまいりました
①宗大様　宗和様には来る五月十日に
②銀婚式を迎えられるそうですね
おめでとうございます
お茶の縁に結ばれ、早二十五年、
二人三脚でお稽古場を守り続けておられる
お姿は羨ましく、大変なご努力の賜物と
存じます　どうかこれからも
お二人仲むつまじくお過ごし下さいませ

かしこ

五月吉日

松竹宗梅

③広野宗大様
宗和様

解説

①夫婦共に知っている場合はそれぞれの名前を書きましょう。
②手紙の趣旨を述べます。
③宛名が複数ある場合はそれぞれに「様」「先生」などの敬称をつけます。もちろん封筒も同様にします。

敬老の日によせて　学生から先生へ

拝啓　秋涼の候
①山中先生には益々ご清栄のこととお喜び申し上げます
平素より茶道部での御指導を頂き、誠に
ありがとうございます。お稽古でお教えいただく
お茶の心は、医術を志す②私達にとって
大変貴重でありがたく、③これからも心の糧に
精進してまいりたいと存じます。
④先生の益々の御健康を部員一同お祈り
申し上げると共に、今後も相変わりませず
よろしくご指導賜りますようお願い致します。
敬具

平成二十年九月十五日
西都大学医学部　茶道部一同

山中宗琴先生

解説

①相手の名前を書く際には行頭にくるようにします。

②「私」など差出人のことを書くときは出来るだけ行の下のほうにくるようにします。

③日頃言えない感謝の気持ちを行事によせて伝えるのもよいでしょう。

④より一層の健康を願う気持ちを書き添えましょう。

お祝いの手紙

思い立ったときが手紙の書きどき

名誉師範を受けられたお祝い　同門・友人へ（遠方に住んでいる方へ）

初夏のみぎり　ご清祥のことと存じお慶び申し上げます
この度の利休忌にて　①名誉師範の栄を受けられたとの由
おめでとうございます　②先日『淡交』を見ておりましたら、
③貴方様のお名前が目に飛び込んで参りました
永年お茶の道に精進してこられ、また日々若い方々への
普及にも心を砕かれてきた④ご尽力の賜物ですね　私は
まだまだ貴方の足元にも及びませんが　この地で
日々精進いたす所存です　これからも互いに健康に
留意しながら頑張って参りましょう
またお目にかかる日を楽しみにしております　かしこ

平成二十年六月⑤朔日　⑥宮城　松風宗音

宝田宗珠先生

解説

①まずお祝いの言葉を述べます。

②雑誌や会報誌、人づてなどで知った場合、その旨を書いてもよいでしょう。

③「貴方」など相手の敬称は行頭にくるようにします。

④差出人と相手が同年齢等の場合はこのように書いてもよいでしょう。

⑤「ついたち」。月の第一日のこと。

⑥住んでいる場所が遠方の場合、名前の肩に地名をいれることもあります。

結婚のお祝い

弟子の両親へ

拝啓　冴え渡る夜空に天の川が美しく見えます
このたびは　玲子様のご婚約が調われたとの由
誠におめでたく心よりお祝いを申し上げます
また本日はご丁寧にご挨拶をいただき
ありがとうございました。
玲子さんが初めてお稽古に来られた日のことを
思い出すと懐かしく、十年とは早いものだと
感慨にふけっております。また引き続きお稽古に
通われると伺い　うれしく思っております
これより華燭の典までご多用かと存じます
御身おいといくださいますようお祈り申し上げます
かしこ

平成二十年七月七日

星原宗輝

野上啓祐様

解説

①まず婚約・結婚のお祝いの言葉を述べます。

②本人もしくは両親が婚約・結婚の挨拶に来た場合はそのお礼を述べます。もし結婚式の案内状を受けたならそのお礼を述べるのもよいでしょう。

③結婚後も同じ先生に師事される場合。他に遠方に嫁がれる場合、その土地の知人の先生を紹介することもあります。

④結婚式のこと。

⑤弟子の親御さんに宛てる場合、ご主人宛でも結構です。またご夫婦連名でもよいでしょう。

快気のお祝い　師匠へ

拝啓　初秋の候　①この度は無事ご退院との由

心よりお慶び申し上げます　社中一同

案じておりましたが

②早々のご快癒に安心いたしました

③ご家族の皆様のお喜びもひとしおでございましょう。

先生ご不在のお稽古場は火が消えたような心持

でしたが　より一層気を引き締めて参りました

④今しばらくご静養専一にされ　⑤またお元気なお姿で

御指導賜ります日を心待ちにいたしております

敬具

平成二十年九月十八日

柳　貴子

梅林宗香先生

解説

①他に「ご病気も全快され、お床払いのお祝いをなさいましたとのこと」「ご病気快癒にて無事ご退院とのこと大慶に存じます」などがあります。

②快復されたことへのお祝いの気持ちを率直に伝えます。

③看病をしていた家族のことを思い遣るひと言を添えるのもよいでしょう。

④病後の身ですからしばらくの十分な静養を願いましょう。

⑤復帰を心待ちにしていることを述べてもよいでしょう。ただし、あまり相手の負担にならないように心がけます。

おれいの手紙
感謝の気持ちをかみしめながら

茶名拝受　御家元へ

①謹啓　暮秋の候
愈々御健勝のこととお慶び申し上げます　②私儀
③宝田宗珠先生に師事しております竹内優子と
申します　今般かねてより申請しておりました茶名を
④御家元様より「宗優」と頂戴致し、
昨日宝田先生による引次にて有難く
拝受いたしました　衷心より感謝致しこれより
なお一層精進に励む所存でございます
向寒の折からどうか御健やかにお過ごし
くださいますよう念じ奉ります
頓首
平成二十年十一月十八日
竹内宗優
○○斎御家元様
⑤御許に

解説

①丁寧な頭語。
②自分のことは行末に来るようにします。もし行頭に来るようであれば上のほうを空けて書くか、「私」「私儀」の文字を小さく書きます。
③茶名を申請する方は大勢いるので、師事している先生の名を挙げた上で自分の名を名乗ります。
④御家元など貴人の方の名前は行頭に書きます。
⑤脇付け。女性ならば「御許に」「みまえに」「まいる」など。男性の場合一般には「机下」、目上の方に「侍史」、貴人の方に「玉案下」などと書きます。

茶名拝受

師匠へ

①謹んで申し上げます　霜寒のみぎり
益々ご清祥のこととお慶び申し上げます　昨日は
先生の引次のもと　茶名を賜りましたこと
心より御礼申し上げます
②誠に身の引き締まる思いが致し
③一層の精進に励むこと　強く念じいりました
これからも厳しく御指導賜り
どうかよろしくお導き下さいますよう
お願い申し上げます　秋気しきりにうごく折から
御自愛専一にお祈り申し上げます　かしこ

平成二十年十一月十八日

竹内優子

宝田宗珠先生
御許に

解説

①女性向けの丁寧な頭語。
②茶名を頂いた折の自分の気持ちを素直に述べるのもよいでしょう。
③今後の抱負を簡潔に記します。

紹介してもらったお礼

師匠へ

①一筆申し上げます　花満つる季節となりました
鶴井先生には御健やかにお過ごしと存じます　②過日
ご紹介くださいました清水高斎先生のもとに
伺ってまいりました　御蔭様でお目にかかってすぐに
打ち解けてお話下さり　私のつたない希望も聞き届けて
頂けました。何より先生からお口添え下さった
からこそと　厚く御礼申し上げます
これにて初めてのお茶事の主なお道具の準備が
できてまいりました。また何かとご相談申し上げる
こと多々あるかと存じます　何卒よろしく御指導
賜りますよう　お願い申し上げます
③取り急ぎ書信にて失礼致します　かしこ
平成二十年四月八日
中井幸子
鶴井宗亀先生

解説

①女性向けの頭語。
②先生に陶芸家などを紹介してもらったときには、随時報告をします。
③次の稽古まで日がある場合やすぐに先生のところに伺えない場合、まず手紙でお礼を述べるほうがよいでしょう。

水屋見舞いを頂いたお礼（大寄せ茶会にて）　同門・友人へ

桜の花は瞬く間に咲ききってしまいました
①お健やかにお過ごしのご様子うれしく存じます
②先日は私どもの拙い茶会にお出まし下さり
ありがとうございました
大したおもてなしも出来ませず失礼を致しました
またお③心遣いを賜り　重ねて御礼申し上げます
④当日は十分なご挨拶も出来ませず
申し訳ございませんでした
なかなかお目にかかることができませんが
またお会いする時までどうか御自愛下さいませ

かしこ

平成二十年四月二十日

森田宗和

山川宗清様

解説

①茶会当日に元気そうな顔を見ているのでこのような表現でもよいでしょう。

②茶会に来てくださったお礼を述べます。

③水屋見舞いなどを頂いたならばそのお礼も述べます。

④茶会当日にお礼を述べますが、十分な挨拶が出来なかった場合はその失礼を詫びるひと言を添えるのもよいでしょう。

茶事で相伴させて頂いたお礼

目上の方へ（次客より正客へ）

拝啓　董風の候　ご健勝の段お慶び申し上げます
先日は佐山先生のお茶事のお相伴にあずかり
誠に有難う存じました
お茶事とはかくもゆかしいものかと
感銘致しました　これよりは私も一層の精進を
いたす所存でございます　どうかよろしく
お導きくださいますようお願い申し上げます
右お相伴御礼まで
敬具
平成二十年五月二十五日
田中宗里
山本宗静先生

解説

①正客以下、各客それぞれ亭主への後礼状を書きますが、茶事の相伴客を正客が選んだ場合など、次客などから正客へのお相伴のお礼状を送ってもよいでしょう。

②亭主と正客のやりとりを見て感じたことを簡潔に述べてもよいでしょう。

③相伴客が正客の社中であればこのような表現でも結構です。

水屋手伝いのお礼

師匠へ

①前略ごめん下さい
②この度もいろいろ御指導頂きありがとうございました
「準備も手際よくできるようになり、いろいろと順調
だった」と自画自賛しておりましたが　やはり
先生からご覧になると歯がゆく思われることばかりで
申し訳ないことでございます　③次の機会には
さらに上を目指し　たくさんのお勉強がまた
できるよう努力したいと思います
何度も何度ものご指導でお疲れが増すばかりですが
どうぞよろしくお願いいいたします
先生には引き続きのご多用の毎日　くれぐれも
ご自愛下さいますようお祈りいたします　かしこ

平成二十年九月三十日　堤　緋紗子

佐山宗準先生

解説

①時候の挨拶を省略する場合の女性の表現。男性は「前略」。普段、稽古場で会う機会の多い場合は、時候の挨拶を省略してもかまわないでしょう。

②茶事や茶会での水屋を手伝うことは、自分自身の勉強になります。ですから手伝いをさせていただいたことにお礼を述べます。

③今後の抱負を述べるとよいでしょう。

欠席のお詫び（講座）　師匠へ

前略ごめんください
先生にはお変わりなくお忙しくお過ごしのことと存じます　①前回の講座は腰痛でお休みし申し訳ございませんでした　②ようやく歩けるようになりましたので　十六日は出席いたします
腰がすっかり曲がって何ともお見苦しい姿ですが③今回の講座だけはお許しいただき通いたいと念願しております　よろしくお願い申し上げます
腰は身体の要と聞いておりましたが　字を書くこともままならないこと発見いたしました　何とも情けない姿ですがお茶のご縁の友人達がささえになってくださいますこと　④偏に茶道の先生のご恩と思います
お体大切にお過ごしくださいますように　かしこ

九月一日　山本輝子

佐山宗準先生

解説

①自分の都合で講座（稽古）を休んだので、それに対するお詫びの気持ちを述べます。

②欠席の原因が病気やけがなどであれば、快復を待って講座（稽古）に復帰するのがよいでしょう。

③まったく元の通りに快復していなくても、講座（稽古）に通いたい熱意があれば、それを伝えるとよいでしょう。

④「ひとえに」。ひたすらに、の意味。

第四章

手紙の常識

手紙の書き方の基本

形式を知ることが手紙上手への近道

形式というと堅苦しく感じますが、手紙を書き慣れていない人にとって型に準じたほうが書きやすいことがよくあります。手紙の書き方は絶対のものではなく、個人個人で自分らしい文面にすればよく、書き慣れてくればオリジナリティーのある手紙が書けるようになります。もちろん手紙にもＴＰＯがあり、目上の方にはかしこまった文面に、友人などにはくだけた文面でもよいでしょう。

手紙の基本構成

基本をふまえた上で応用しましょう

手紙文の構成は次のようになります。ただし、頭語や副文を書かないことや場合によっては時候の挨拶を省くこともありますので、基本を知った上で応用します。

前文　①頭語　②時候の挨拶
③はじめの挨拶　④お礼・お詫びの挨拶

主文　⑤起こし言葉（起語・起辞）　⑥本文

末文　⑦結びの挨拶　⑧結語

後付　⑨日付　⑩署名　⑪宛名・敬称　⑫脇付け

副文　⑬副文（追って書き・添え書き）

① 頭語

頭語には決まった結語を相対応して用います。ただし季節の挨拶状や見舞い状などにはつけません。

	頭語	結語
一般	拝啓／拝呈／一筆啓上 一筆申し上げます（女性）	敬具／拝具 かしこ
丁寧	謹啓／恭啓 謹んで申し上げます（女性）	謹言／謹白／敬白 かしこ
さらに丁寧	粛啓／奉啓	頓首／再拝
前文省略	前略／冠省／略啓 前文お許し下さい（女性） 前略ごめんください（女性）	草々／早々／不一 かしこ かしこ／あらかしこ
急用	急啓／急白／急呈 取り急ぎ申し上げます（女性）	草々／早々／怱々 かしこ
再信	再啓／再呈／追啓 重ねて申し上げます（女性）	敬具／拝具／草々 かしこ
返信	拝復／復啓／敬復 御書拝読／ご書面拝見 お便り拝見致しました（女性）	敬具／拝具 拝答／敬答 かしこ

②時候の挨拶

春夏秋冬の移り変わりがあり、手紙文では本文に入る前にその季節の気候や行事などをさりげなく挨拶に取り入れて書きます。「○○の候」「○○のみぎり」「○○の折から」などの慣用句がよく用いられますので、地域や時期によってそれぞれに合った言葉を選びます。また自分なりの言葉で季節を表現するのもよいでしょう。（季節を表す言葉は108～111頁参照）

改まった手紙でなければ頭語は書かずに、季節の挨拶からはじめてもよいでしょう。また災害見舞いの手紙などには時候の挨拶は書きません。

③はじめの挨拶

手紙は相手優先です。まず先方の安否をたずね、その後こちらの近況報告をし、過日のお礼や無沙汰を詫びます。ただし、これらすべてを書く必要はなく、病気見舞いや挨拶状全般には自分の報告は書きませんので、内容や相手との関係によって臨機応変に対応します。

●安否の挨拶（相手）

愈々御清祥の段　大慶に存じます

ますますご健勝のことと拝察申し上げます

ご隆昌のこととお慶び申し上げます

ご清栄にお過ごしのことと存じます

ご機嫌いかがですか

その後お変わりはございませんか

●安否の挨拶（自分）

お蔭様で一同無事過ごしております

私どもも大過なく過ごしております

当方一同元気に過ごしております　ご安心くださいませ

④お礼・お詫びの挨拶

●無沙汰の挨拶

ご無沙汰をいたし申し訳ございません

長々のご無沙汰なにとぞお許しくださいませ

日頃のご無沙汰恐縮いたしております

●感謝の挨拶

日頃よりお世話になり御礼申し上げます

ひとかたならぬご芳情を賜り感謝いたします

先日は大変お世話になりありがとうございました

●お詫びの挨拶

お手数をおかけし恐縮に存じます

手違いの段　心よりお詫びいたします

ご無理ばかり申し上げお詫びいたします

⑤起こし言葉（起語・起辞）

主文の頭につく語句で、前文から主文への流れをスムーズにします。内容によって使い分けますが、不自然に感じるときは使わないほうがすっきりします。

さて／ところで／実は／この度／つきましては／突然ですが／承りますれば　など

⑥本文

伝えたい用件を順序良く整理して、相手にわかりやすいように書きます。慣れるまではメモなどを用意しておくとよいでしょう。また一文がだらだらと長くなったり、指示語や修飾語が多すぎるとわかりにくくなるので注意します。また漢字は大きく、ひらがなは少し小さめに書くと全体のバランスがよくなります。

⑦ 結びの挨拶

主文の内容に合わせて簡潔にまとめて書きます。

●用件を結ぶ

まずは御礼まで　／　右御案内迄　／　用件のみにて失礼します

●健康と無事を祈る

ご自愛のほど祈り上げます

時節柄御身お大切に

ご健康とご活躍をお祈りいたします

ご機嫌よろしくお過ごしください

●将来を頼む

今後とも宜しくお願い申し上げます

よろしく御指導のほど願い上げます

●**返事を求める**

お返事お待ち申し上げます

お手数ですがご返事お願いいたします

失礼ながら同封のはがきにてお返事ください

●**陳謝する**

略儀ながら書信にて失礼いたします

●**伝言を依頼する**

よろしくご伝言のほど願い上げます

何卒ご家族様にもよろしくお伝えくださいませ

●**後日を期する**

詳細は改めてご連絡いたしたく存じます

いずれまたお便りします

⑧ 結　語

手紙のしめくくりですから、頭語に呼応した適切な言葉を選びます。（90頁参照）

⑨ 日付

正式な手紙は年月日を書きます。主文より二、三字下げて少し小さく書きます。

⑩ 署名

自分の名は行末のほうに書きます。手紙は自分自身で書くことが原則ですが、もし代筆した場合、差出人の左下に小さく「代」と書き添えます。

⑪ 宛名・敬称

宛て名はフルネームで、行頭にやや大きめの字で書きます。また同姓連名の場合、二人目からは姓は書かずに名前だけ並べますが、敬称は必ずそれぞれにつけます。なお、「先生様」など敬称を重複させてはいけません。

⑫ 脇付け

最近使われることが少なくなってきましたが、主に改まった手紙に用いられる、相手に対してへりくだった気持ちと敬意を表します。宛名の左下にやや小さめに書きます。脇付けを封筒に書く場合（外脇付け）は手紙文と揃えます。

○一般に［机下《きか》／座右《ざゆう》／硯北《けんぽく》／梧下《ごか》］
○貴人に［玉案下《ぎょくあんか》／台下《だいか》／執事《しつじ》］
○目上の方に［侍史《じし》／尊前《そんぜん》／函丈《かんじょう》］
○父母に［膝下《しっか》／尊下《そんか》］
○女性専用［御前《みまえ》に／御許《みもと》に］
○高僧へ［猊下《げいか》］
○相手が複数のとき［各位《かくい》／各座《かくざ》］

⑬副文（追って書き・添え書き）

本文を補足する際や書き忘れを書くときに使います。原則として改まった内容や目上の方への手紙に副文は用いないようします。なお、書く場合は本文より四、五字ほど下げて、小さめの文字で書きます。また茶事の案内状などでは、日時・場所など大事な用件は「記」として別記の形式を用いることがあります。これは主文が煩雑になることを避けるために用いるもので、追記とは意味が異なります。

追伸／追／二伸　など

手紙のしきたりとマナー

日頃から心がけておくこと

手紙は相手の手元に残るものですから、何度も読み返すことが出来るので、肉筆による味わいによって書き手の息吹を伝えることができます。だからこそ相手に気持ちよく読んでもらうために、手紙文のマナーを日頃から気をつけるようにすることが、手紙上達への近道です。

手紙の上座・下座

手紙文では行の上のほうが上座、行末が下座になります。したがって相手の名前や「貴方様」など相手を指す言葉、「御」「貴」など相手への敬意を示す語は行末に来ないようにします。どうしても行末に来る場合は改行して行頭から書きます。また「私」「拙」など自分側を表す語は行頭におきません。どうしても来るときは右に寄せて小さく書くか、文章の間を空けても結構です。

ひとつの言葉を分けない

ひとつのまとまりの言葉を二行に分けて書かないようにします。文字が離れると読みにくく、見た目も美しくありません。言葉が分かれそうなときは、文字を小さくして一行でまとめるか、改行して行末を空けます。手紙文では行末が揃っていなくてもよく、見た目に美しく、読みやすいという心遣いを忘れないでください。

縦書きがふさわしい日本の文字

ビジネス文書などでは横書きが多くなってきましたが、改まった手紙や茶事の案内状、お礼状などは縦書きにします。また巻紙に毛筆でしたためるのが正式です。

誤字脱字は禁物

たとえ見た目に美しく書かれている手紙でも誤字脱字があると台無し

です。手紙を書く際には辞書を傍らに置き、不安な漢字や言葉は調べてから書きます。また相手の名前を書き間違えるのはもってのほかです。

白い紙が正式

茶事の案内状など改まった手紙や目上の方への手紙は巻紙に毛筆でしたためたものがもっともふさわしいでしょう。一般的な手紙であれば便箋を用いますが、目上の方宛のものはやはり白いものを用います。その他友人同士や季節のお便りなどくだけた内容の手紙であれば、模様入りや色付きのものなどお好みのものを使ってもよいでしょう。

便箋は一枚だけでもよい

便箋一枚だけでは失礼だとして、白紙の紙を一枚添える習慣もありますが、最近では一枚だけで送ってもよいでしょう。ただし、二枚目に後付けだけが来るようなことは体裁が悪いので、二枚目にも本文が少し来るように調節します。

封筒は白いものが正式

白地の封筒が最も一般的で、奉書が最も格の高いものです。また二重の和封筒もありますが、弔事の場合これは使いません。

宛名は封筒の中央に楷書で大きめの字で名前を書き、相手の住所は封筒の右側に名前よりやや小さな字で、名前より少し上から書きはじめます。

もちろん切手はまっすぐに貼ります。

封筒の裏書きのマナー

差出人の住所と名前を必ず書きます。自分の名前は高い位置に大きな字で書きません。字配りは中央の縦線の右側に住所、左側に名前を書く方法と、住所・名前とも中央の縦線の左側に書く方法があります。

綴じ目は必ず糊付けをし、綴じ目には「封」「緘」「〆」などの字を書きます。

巻紙・便箋の折り方

折り目正しくきれいに

巻紙

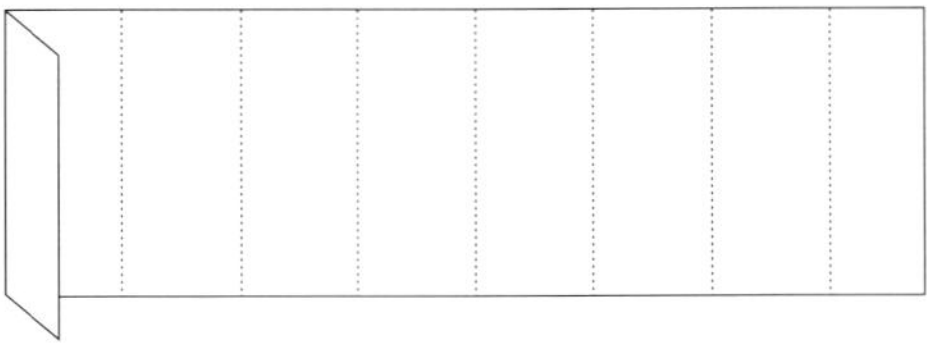

❶ 左端から封筒の幅に合うように折る。決して右端から折りはじめないように

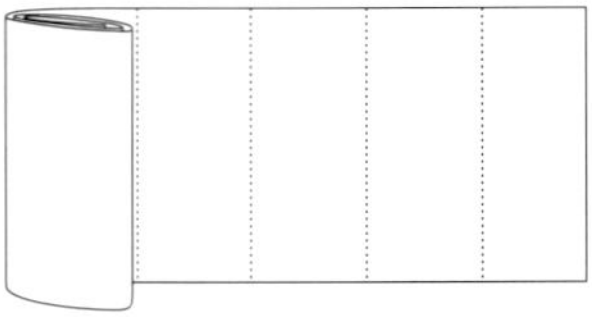

❷ 折り進める。途中宛名や相手の名前などに折り目が来ないように注意する

❸ 最後の右端が中央より多めに出るようにする

❹ 巻尾の端が封筒の表側にくるように封筒に入れる

便箋（和封筒に入れる）

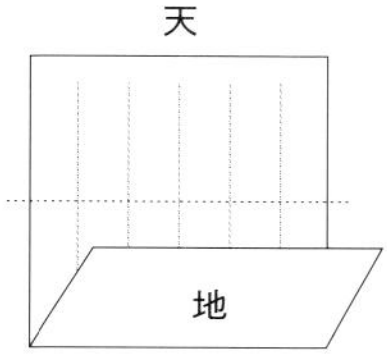

❶ 下から三分の一折り上げる

❷ 上三分の一を折り下げ三つに折る

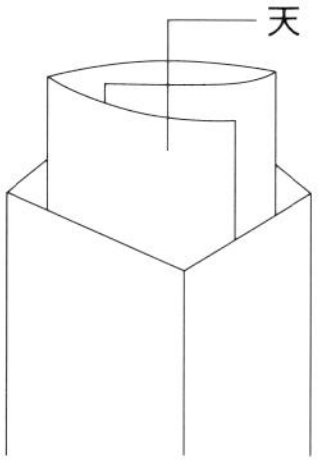

❸ 書き出しを上にして封筒に入れる

便箋（洋封筒に入れる）

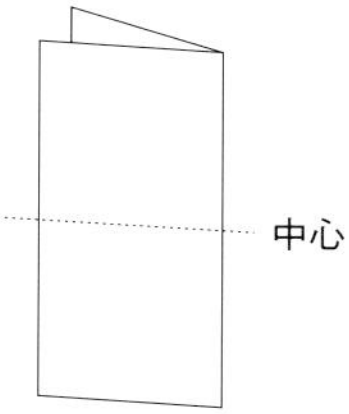

❶ 縦に二つ折りにする

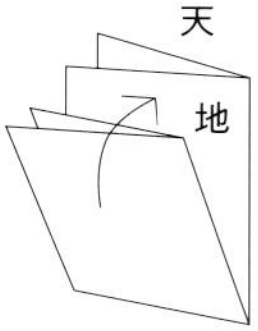

❷ さらに上下を合わせて四つ折にする

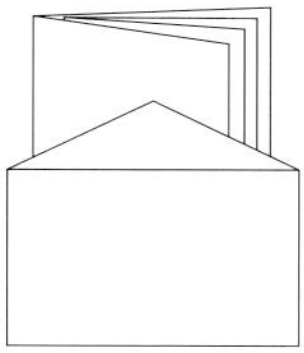

❸ 折り目が開口部にこないように入れる

封筒の書き方

封筒は手紙の顔

受け取った方が最初に見るのは封筒の表書きですから、美しく正確に書くことを心がけます。書き終えたら宛名や住所に間違いがないかもう一度見直すようにするとよいでしょう。

和封筒

表書き

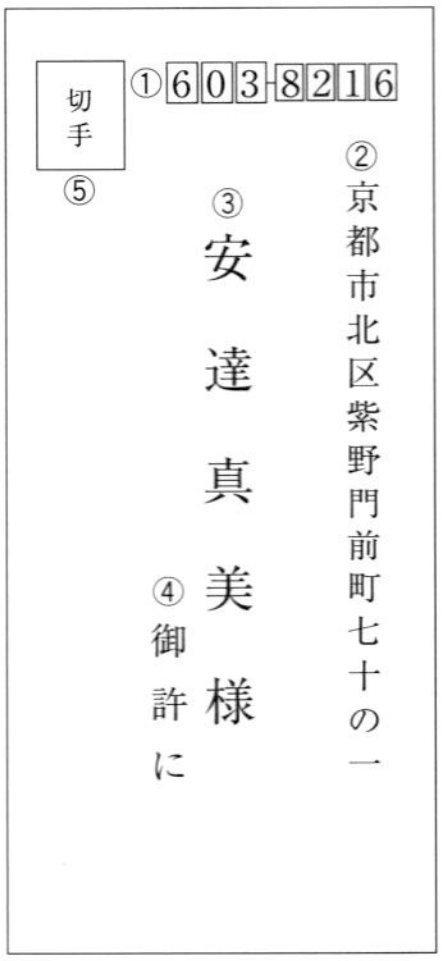

①［**郵便番号**］
枠内に丁寧に書く。

②［**住所**］
封筒の右三分の一に一、二行で書く。二行にわたるときは一行目より一字分ほど下げて書く。数字は漢数字が基本。

③［**宛名**］
住所より少し下げ、大きく中央に書く。連名のときはそれぞれに敬称をつける。

④［**脇付け（外脇付け）**］
書く場合は、姓名の左下に小さく添える。

⑤［**切手**］まっすぐに貼る。

裏書き

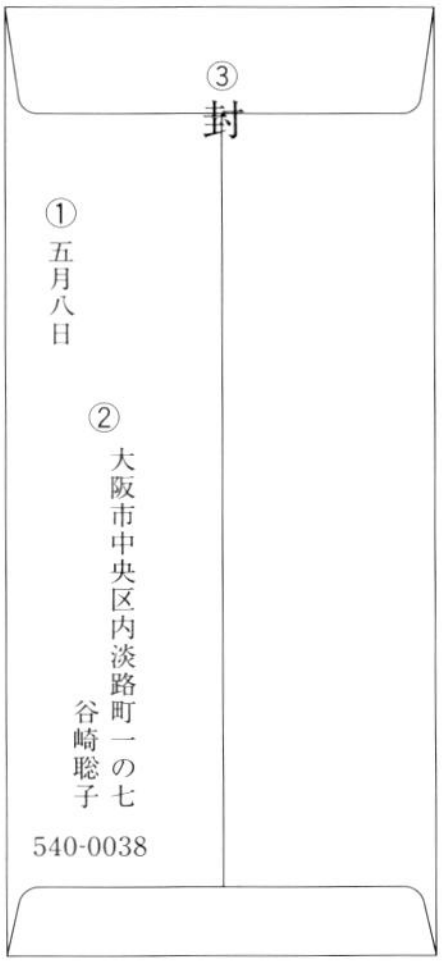

①［日付］
封筒の左上か右上にやや小さめに漢数字で書く。

②［住所・氏名］
封筒の綴じ目を挟んで右に住所を、左に姓名を書く。もしくは継ぎ目の左に寄せて住所・氏名を書く。いずれも表書きよりも小さめの字で書く。

③［封じ目］
「封」「緘」「〆」などと封字を記し、糊で貼る。セロハンテープやホッチキスで止めないように。

洋封筒（縦書き）

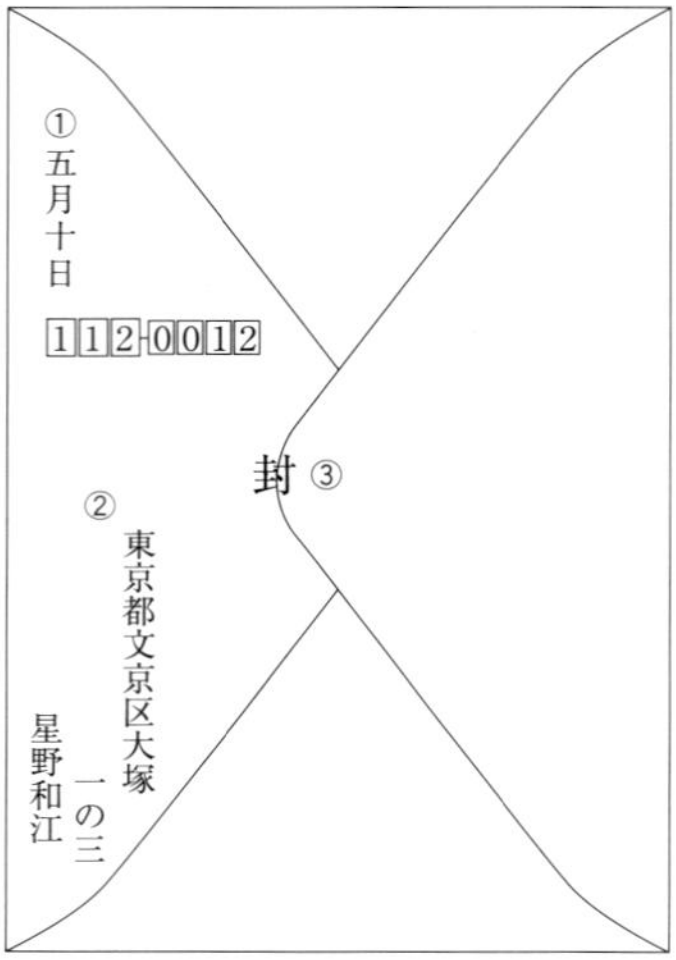

表書き

和封筒と書き方は同じ。ただし縦の長さが短いので字配りに注意します。

裏書き

①［日付］
和封筒同様、左上に書く。

②［住所・氏名］
宛名より小さい字で左端に書く。

③［封じ目］
右が上になるように閉じる。反対に封をすると弔事になるので注意すること。「封」「緘」「〆」などを記し、糊付けをする。

洋封筒（横書き）

表書き

①［住所］上半分に左上から書きはじめる。横書きは親しい間柄に宛てる手紙に用いる。目上の方宛には縦書きがよい。

②［宛名］ほぼ中央に書く。

③［切手］右上に貼る。

④［郵便番号］宛名が横書きでも縦書きに準じて書く。

裏書き

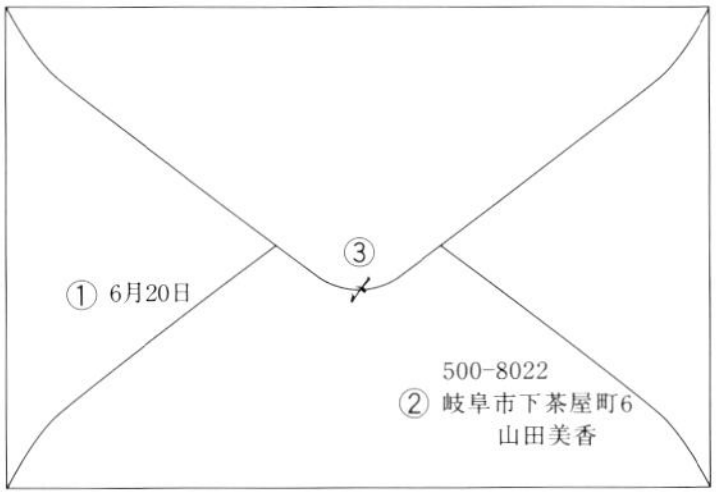

①［日付］差出人の住所の左上に算用数字で書く。

②［住所・氏名］封筒の下三分の一におさまるように書く。郵便番号の欄がないときは住所の上に書く。

③［封じ目］「封」「〆」などを記し、糊付けをする。親しい間柄であれば、シールなどを用いてもよい。

春

（立春～立夏前日）

改まった手紙

- 立春の候
- 余寒の候
- 早春の候
- 春暖の候
- 陽春のみぎり
- 余寒まださりやらぬ折から
- 春まだ浅き折
- 桜花らんまんの折から

日常・友人宛の手紙

- 向春の気配なお遠く
- 梅のつぼみもまだ固く
- 吹く風に春の気配が感じられるようになりました
- ひと雨ごとに春めいてまいりました
- 桜のたよりがあちらこちらから聞こえてきます
- 陽光がきらきらと眩しく感じられる今日この頃
- 花冷えの日が続いておりますが
- 春の日がうららかな好い季節となりました

夏

（立夏～立秋前日）

改まった手紙

- 立夏の候
- 新緑の候
- 麦秋の候
- 盛夏の候
- 酷暑のみぎり
- 暑さ厳しき折
- 入梅の折から
- 風薫るすばらしい候

日常・友人宛の手紙

- 若葉が目にしみるころ
- さわやかに皐月をお迎えのことでしょう
- つつじが今を盛りに咲き誇っています
- そろそろ梅雨入りも近いようですが
- 連日の雨に木々の緑も深くなり
- 雨に濡れた紫陽花に風情を感じるこの頃
- 太陽がまぶしい季節となりました
- 土用明けの暑さ一段と厳しく

秋

（立秋～立冬前日）

改まった手紙

- 立秋の候
- 夜長の候
- 仲秋の候
- 秋涼の候
- 残暑のみぎり
- 菊薫る好季節
- 残暑なお厳しき折柄
- 灯火親しむ頃

日常・友人宛の手紙

- 去りゆく夏を惜しむかのようにひぐらしの声が聞こえます
- 空の色もめっきり秋らしくなり
- 虫の声が涼しげに聞こえはじめました
- 澄み渡った青空はどこまでも高く
- 菊の香り高き昨日今日
- 庭の柿の実もようやく色づきはじめ
- 晴れ渡った小春日和の中
- 山々も秋の装いをはじめる頃となりました

冬 ――（立冬～立春前日）

改まった手紙

- 立冬の候
- 暮秋の候
- 師走の候
- 新春の候
- 日増しに寒さ覚えるころ
- 厳寒のみぎり
- 歳末ご多忙の折
- 寒気厳しき折

日常・友人宛の手紙

- 日がめっきりと短くなってきました
- 落葉が風に舞う季節となりました
- 冬の足音がここかしこから聞こえてまいります
- 椿のつぼみが木枯らしの中でふくらみはじめました
- 心せわしい年の暮れがやってまいりました
- よいお年を迎えられたことと存じます
- いよいよ本格的な厳しい冬がやってきました
- 例年になく暖かい日が続いております

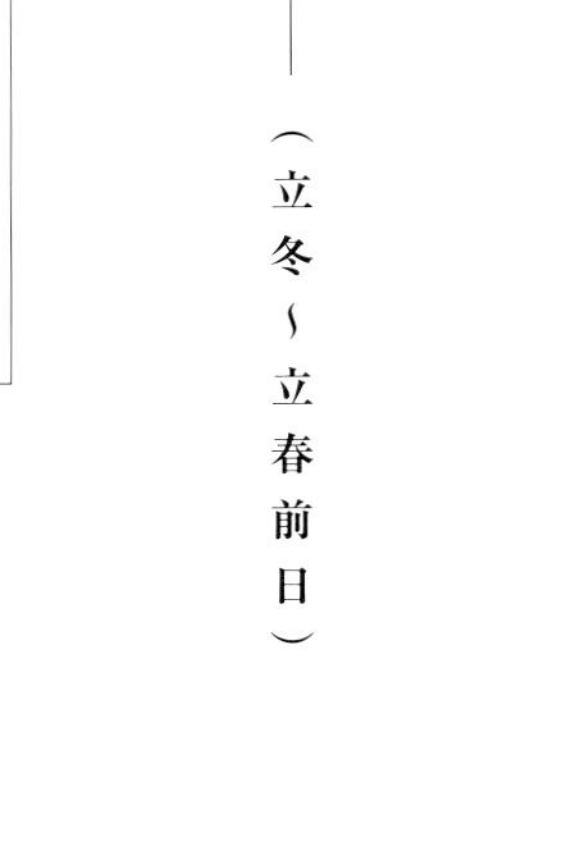

指　導　佐山宗準
1964年大阪府生まれ。裏千家学園を卒業後、茶事から茶道全般にわたる指導に当たる。淡交カルチャー教室講師。京都府長岡京市の自宅をはじめ全国各地の教室で活躍中。

編集協力　西川眞理

贈答のしきたりと茶の湯の手紙

2008年3月25日　初版発行
2015年5月19日　5版発行

編　者　淡交社編集局
発行者　納屋嘉人
発行所　株式会社　淡交社
本社　〒603－8588　京都市北区堀川通鞍馬口上ル
営業　tel 075－432－5151　編集　tel 075－432－5161
支社　〒162－0061　東京都新宿区市谷柳町39－1
営業　tel 03－5269－7941　編集　tel 03－5269－1691
http://www.tankosha.co.jp

印　刷
製　本　大日本印刷株式会社

ISBN　978－4－473－03484－7